BREVE HISTÓRIA DA LITERATURA DE CORDEL

Marco Haurélio

BREVE HISTÓRIA DA LITERATURA DE CORDEL

3ª edição - São Paulo - 2019

© *Copyright*, 2010 – Marco Haurélio
3ª edição – 2019

Todos os direitos reservados.
Editora Claridade Ltda.
Av. Dom Pedro I, 840
01552-000 – São Paulo – SP
Fone/fax: (11) 2168-9961
E-mail: claridade@claridade.com.br
Site: www.claridade.com.br

Preparação de originais: Thiago Lins
Imagens: acervos da família de Antônio Teodoro dos Santos, Arievaldo Viana, José Paulo Ribeiro, Editora Luzeiro e Maria Alice Amorim.
Revisão: Juliana Messias
Capa: Viviane Santos sobre ilustração de Jô Oliveira
Tratamento de imagens: Viviane Santos
Editoração Eletrônica: Eduardo Seiji Seki

DADOS PARA CATALOGAÇÃO (CIP)

Haurélio, Marco, 1974-
    Breve história da Literatura de Cordel / Marco Haurélio. – 3 ed. – São Paulo : Claridade, 2019.
    120 p. : il. -(Saber de tudo)

    Inclui bibliografia
    ISBN 9978-85-8032-045-9

    1. Literatura de Cordel : história. 2. Cultura brasileira. 3. Autores de cordel.

    I. Título. II. Série.

CDD: 398.2

Índice sistemático para catalogação
027.8 – Bibliotecas escolares
028 – Leitura. Meios de difusão da informação

Edição em conformidade com o novo acordo ortográfico da língua portuguesa.

Nenhuma parte deste livro pode ser utilizada ou reproduzida sem a autorização expressa da editora.

Sumário

Chegança 7

1. Cordel atemporal.. 13

2. Nordeste medieval... 26

3. Romanceiro e cantos populares...................................... 42

4. O menestrel e o bandoleiro 56

5. No reino da picardia... 69

6. O Cordel no Sudeste... 81

7. Renascer nordestino.. 92

8. Da capa cega à policromia... 103

9. Influências e confluências.. 109

Dados básicos de cordelistas e repentistas 114

Outras leituras, outras visões... 117

Sobre o autor... 120

Aos amigos Andrade Leal, Rogério Soares e Paula Laranjeira, o meu abraço.

A Manoel Farias Guedes, Antônio José dos Santos (Tio Tony) e José Farias (*in memoriam*), minha gratidão.

Chegança

Cordel é o canto de cantos diversos,
A voz do poeta, que emana passados,
Presentes, porvires vividos, sonhados,
Pecados, rubores perdidos, dispersos,
O grito fecundo de mil universos,
A gesta bendita que é luz e sacrário,
Lembrança, desejo de ser relicário,
Mergulho profundo no inconsciente,
Cavalo do tempo correndo silente
Nos campos sem cerca do imaginário.

Dobrada a esquina do século e do milênio, a Literatura de Cordel do Brasil, contrariando previsões pessimistas, continua viva. A resistência deste ramo da literatura popular tem motivado inúmeras discussões no meio acadêmico, no qual os estudos sobre Cordel[1] são cada vez mais frequentes. Há várias editoras tradicionais ou instituições imprimindo e comercializando folhetos populares e, a cada dia, mais e mais títulos são lançados em várias mídias, que vão da reprodução

---

[1] O termo *Cordel*, quando se referir ao gênero poético, será grafado com inicial maiúscula. Como sinônimo de folheto, livro, enfim, de material impresso, *cordel* terá inicial minúscula.

por xerox até a impressão em *off-set*. Verdade que, como em qualquer outro gênero literário, qualidade e quantidade nem sempre caminham juntas. Mas, ao final, somente a joeira do tempo dirá quem sobreviveu às novas possibilidades.

Desde a origem, quando circulou em manuscritos ou em poemas preservados na memória de cantadores e contadores de histórias, até o momento em que se iniciou a produção em larga escala por iniciativa do poeta paraibano Leandro Gomes de Barros, paraibano de Pombal que migrou para cidades dos arredores do Recife, até fixar-se definitivamente na capital pernambucana, o Cordel conheceu cumes e abismos, passou por transformações e se adaptou aos novos tempos. Algumas características básicas definidoras, como a preferência dos autores pelos versos em redondilha maior (de sete sílabas poéticas), com predominância da sextilha, além de temáticas que mesclam o regional ao universal, permanecem. Com Leandro, até hoje considerado o maior poeta do gênero, no final do século XIX e nas duas primeiras décadas do século XX, o Cordel atingiu o primeiro ápice. Não que este poeta tenha sido o primeiro a imprimir e vender folhetos. Definitivamente não o foi. Há registros de folhetos de autores portugueses e brasileiros que circularam antes da alardeada e nunca comprovada data – 1893 – de publicação do primeiro folheto de Leandro. A sua contribuição maior, para além da qualidade de sua obra, foi a criação de uma atividade editorial regular, com o estabelecimento de um modelo que seria imitado por todos os futuros editores, fossem eles poetas ou não. Sua estratégia de publicar os romances e folhetos em fatias, à maneira dos folhetins, mimetizando uma prática comum aos jornais do século XIX, foi muito bem-sucedida, se levarmos em conta a formação de um público fiel e ávido por novidades.

Breve História da Literatura de Cordel

A editoração, a partir da década de 1920, com a ascensão de João Martins de Athayde, outro paraibano radicado na Veneza brasileira, chegou a um nível de profissionalismo tal que, para atender à demanda de uma legião de leitores, eram impressos milhares de exemplares de um único volume. Athayde, que trabalhava com os títulos de sua autoria e de outros poetas, adquiridos por compra ou permuta (a popular conga), aperfeiçoou o sistema de edição e distribuição de Leandro, publicando os cordéis em versões integrais ou, quando necessário, em dois ou mais volumes. De 1921 a 1949, mesmo enfrentando a concorrência do aguerrido poeta, editor e livreiro paraibano Francisco das Chagas Batista, em suas aventuras em tipografias pelo interior e, finalmente, na capital de sua terra natal, Athayde foi quase senhor absoluto de seu ofício.

Muitos outros nomes ajudaram a definir os rumos da Literatura de Cordel nordestina, a exemplo de José Camelo de Melo Resende, autor do *Romance do Pavão Misterioso* e de outros tantos títulos de prestígio, e José Pacheco da Rocha, o brilhante autor de *A chegada de Lampião no Inferno*, o mais memorável dos folhetos humorísticos, cuja inspiração parece vir do teatro de mamulengos, por sua vivacidade despojada de adornos e floreios.

Outra geração, nascida no início do século passado, teve um papel igualmente importante na consolidação do gênero, com a ampliação do referencial temático, resultante das muitas diásporas sertanejas, e a consequente evolução gráfica, a partir do desenvolvimento de uma atividade industrial de impressão em São Paulo, depois da década de 1950. Destaca-se, então, a editora Prelúdio, a princípio assessorada pelo baiano Antônio Teodoro dos Santos e depois por Manoel D'Almeida Filho, rebatizada na década de 1970 como Editora Luzeiro, responsável por uma revolução em termos comerciais, a ponto de chocar com suas capas coloridas e edições bem cuidadas os pesquisadores puristas ou "tradicionalistas".

Vieram, porém, os anos 1980 e as trombetas fúnebres soaram forte. O tom apocalíptico com que alguns estudiosos – à frente de todos Átila Almeida – se referiam à "morte do cordel" tem origem na abordagem tradicionalista do ofício dos poetas populares, em que se sobressaíram Silvio Romero, Gustavo Barroso e Leonardo Mota, entre outros. Na década de 1990, com o desaparecimento de grandes artesãos do verso, criou-se um vácuo que parecia impreenchível. Delarme Monteiro, Manoel D'Almeida Filho, Antônio Eugênio da Silva, Severino Borges Silva, Manoel Pereira Sobrinho, Joaquim Batista de Sena e Minelvino Francisco Silva, poetas de brilho, nos deixaram na última década do século XX.

Aparentemente não havia continuidade para o trabalho, até porque, durante a entressafra que vai da geração de poetas nascidos nas décadas de 1930-40 à atual, o romance, gênero nobre da literatura popular em verso, praticamente havia desaparecido, substituído por folhetos de temática política ou social, quase sempre despidos de poesia.

Hoje, atentando para aquele contexto, é até compreensível o pessimismo de estudiosos e autores quanto ao fim iminente do folheto de feira. Felizmente, as previsões funestas não se confirmaram e a Literatura de Cordel atravessou mais uma fase tempestuosa para ressurgir, forte, nos dias atuais.

Na tradicional Feira de Caruaru, em Pernambuco, na Feira de São Cristóvão, no Rio de Janeiro, na banca da Tupynaquim Editora, no Centro Cultural Dragão do Mar, em Fortaleza, nas andanças do poeta baiano Zeca Pereira, ou mesmo no alto do morro sagrado de Bom Jesus da Lapa, na Bahia, onde pontifica o folheteiro Antônio Rufino, filho adotivo de Minelvino

Breve História da Literatura de Cordel 11

Francisco Silva, o Cordel, que se desdobra em variados formatos, ainda conta muitas histórias. Estas formam um painel mais abrangente, captado pelo poeta Klévisson Viana em seu poema em décimas *A mala do folheteiro*, do qual pinçamos algumas estrofes:

Na mala do folheteiro
Tem romance de bravura,
Onde o vaqueiro valente
Estampa sua figura,
No seu cavalo alazão,
Rouba a filha do patrão,
Sem temer a pistoleiro.
Em defesa da amada,
Tem sua história rimada
Na mala do folheteiro.

Na mala do folheteiro
Tem Romance do Pavão,
Onde o turco Evangelista
Ganhou das mãos do irmão
O retrato de uma deusa,
A bela condessa Creusa,
Trazido do estrangeiro,
E o pobre do rapaz
Ao vê-la perdeu a paz
Na mala do folheteiro.

(...)

Marco Haurélio

Tem histórias de Camões,
De Malasartes, João Grilo,
Tem verso pra todo gosto,
Você escolhe o estilo.
Na tal mala tem cultura,
Desenho e xilogravura,
Que encanta o mundo inteiro,
Tem o Nordeste da gente.
Tudo isso está presente
Na mala do folheteiro.

Este livro, escrito por um poeta popular de alma e ofício, não tem a pretensão de apontar caminhos, mas lança um novo olhar sobre o Cordel, seus expoentes e sua história. Ao final, outras contribuições no campo da pesquisa estão arroladas em uma bibliografia essencial. São muito bem-vindas, portanto, outras leituras e outras visões, no processo dialético que nos move e que é, ao mesmo tempo, movido pelas nossas ideias.

Marco Haurélio

Cordel atemporal

A Literatura de Cordel, ou o seu substrato, chegou ao Brasil – ou à terra que depois seria assim denominada – a bordo das primeiras caravelas. É próprio do homem, em seu constante deslocamento geográfico, levar consigo, além dos conhecimentos que lhe garantam a sobrevivência, a sua cultura. Mas, para entendermos esse processo de acomodação e difusão, até o último estágio – o do registro –, é preciso atentar para alguns antecedentes.

Em 1508, foi impresso em Saragoça, Espanha, o célebre romance de cavalaria *Amadis de Gaula*, de autoria de Garcia Rodrigues de Montalvo. Seguramente não era a primeira edição. Cervantes a cita no VI capítulo do *Dom Quixote* (1605). O feroz conquistador do México, Hernan Cortés (1485-1547), conhecia vários trechos deste romance. É possível que o espírito belicoso do *Amadis* tenha causado tão forte impressão entre os "conquistadores" a ponto de impeli-los a buscar o desconhecido, situado além do Mar Tenebroso – o Oceano Atlântico –, que eles

Amadis de Gaula, célebre romance de cavalaria, em edição de 1533.

imaginavam habitado pelos mesmos monstros que ilustravam os mapas e cartas geográficas da época.[2]

---

[2] A geografia baseava-se, em parte, em descrições da *Odisseia*, com criaturas fantásticas se interpondo ao sucesso dos que se aventuravam a transpor o grande oceano. Até o século III a.C., Homero ainda era considerado a grande autoridade em geografia, situação que começou a mudar a partir da publicação de *Geográfica*, obra de cunho científico, de autoria de Eratóstenes, bibliotecário-chefe de Alexandria e uma das mentes mais luminosas da Antiguidade

Breve História da Literatura de Cordel

Aqui cabe perguntar: quem eram esses aventureiros e – mais importante ainda, ao menos para nosso estudo – o que faziam a bordo, durante a longa e, certamente, tediosa travessia? O pesquisador italiano Silvano Peloso assinala a predileção deles por "divertimentos mais sedentários", incluindo a leitura coletiva, hábito que sobreviveria, cerca de quatro séculos depois, nos serões noturnos do Nordeste.

Jogava com cartas e dados (embora fosse severamente proibido) e, frequentemente, quando a monotonia da vida de bordo e a quietude do mar convidavam ao silêncio, era a vez da leitura solitária em algum canto do navio, ou daquela coletiva em voz alta, todos sentados em círculo. Desta maneira, muitos textos, prevalentemente de literatura popular, chegaram ao Novo Mundo com as bagagens do colono, constituindo as primeiras bibliotecas à disposição de todos.[3]

Assim, uma tradição com forte carga simbólica foi se aculturando e se expandindo com as levas de colonos estabelecidos no Novo Mundo, possibilitando a ampla difusão da poesia tradicional no continente. No Brasil, depois de iniciada a marcha do litoral ao sertão, as atividades econômicas deram nova coloração às imagens arquetípicas herdadas da Europa. O intercâmbio se ampliou, e a poesia tradicional, mormente no Nordeste, se consolidou com as singularidades que a aproximam de outras manifestações plantadas na América Espanhola.

Fundada sob o signo do fantástico, a poesia popular supriu uma lacuna que a historiografia incipiente não podia preencher. Quando, no fim do século XIX, o Nordeste assistiu ao ressurgimento – no Brasil, seria mais correto dizer "surgimento" – da poesia popular em sua forma escrita e em grande escala, o

---

[3] *O canto e a memória*, p. 48.

caminho já estava preparado. E a voz do poeta popular, ampliada pela coletividade, pôde levar o necessário em termos de literatura a uma população em sua maioria ágrafa.

A poesia popular

A Literatura de Cordel é a poesia popular, herdeira do romanceiro tradicional, e, em linhas gerais, tributária da literatura oral (em especial dos contos populares), desenvolvida no Nordeste e espalhada por todo o Brasil pelas muitas ondas migratórias. Refiro-me, evidentemente, à literatura que reaproveita temas da tradição oral, com raízes no trovadorismo medieval lusitano, continuadora das canções de gesta, mas, também, espelho social de seu tempo. Com esta última finalidade, receberá o qualificativo – verdadeiro, porém reducionista – de "jornal do povo".[4] O cordelista, como hoje é conhecido o poeta de bancada, é parente do menestrel errante da Idade Média, que, por sua vez, descende do rapsodo grego.

No Brasil, à margem da cultura livresca, dos moldes forçosamente importados, dos salões engalanados, vicejou opulenta, portentosa, espantosa literatura oral, fazendo, muitas vezes, pela boca de uma única pessoa se manifestarem civilizações há muito defuntas. Pode-se argumentar que apenas um retalho, ou, menos ainda, um fiapo das antigas tradições chega até nós. Mas não é pouco. Na contística popular do Nordeste, por exemplo, é possível se escutar uma história que, em linhas gerais, é a mesma que os povos estabelecidos à margem do Nilo, no Egito, repetem há mais de 3.000 anos. As nossas orações

---

[4] "Os folhetos de época passam. O romance fica", declarou o poeta Delarme Monteiro ao pesquisador Ivan Cavalcanti Proença. In *A ideologia do Cordel*, p. 43.

Breve História da Literatura de Cordel 17

aos santos, ligeiramente modificadas, em tempos de antanho, devem ter acalmado a fúria e comprado o obséquio de muitos deuses de incontáveis panteões. Dessa literatura oral a arte de um país que se pretende sério será sempre a maior tributária. A Literatura de Cordel é um dos galhos desta grande árvore. Se dela se desprender, perderá o sentido e a razão de existir.

O Cordel é um dos galhos da árvore da poesia popular, como o repente também o é. Entretanto, Cordel e repente não são a mesma coisa, pois, à medida que a árvore cresce, os galhos se distanciam, conquanto estejam unidos pela origem comum.[5] A embolada e a poesia matuta, dentre outras manifestações, são também galhos ou ramos importantes. Todavia, a confusão do Cordel com a dita poesia matuta, divulgada por Catulo da Paixão Cearense,[6] apesar de comum, precisa ser esclarecida. A linguagem propositadamente estropiada dos versos matutos vende uma falsa ideia de espontaneidade que nada tem a ver com a Literatura de Cordel praticada por poetas do porte de José Pacheco, Delarme Monteiro, Caetano Cosme da Silva ou Manoel Monteiro. Embora tal confusão convertida, em certos casos, em engodo, prevaleça entre alguns "estudiosos", para nossa sorte,

---

[5] O repente se prende à oralidade, ao improviso e às muitas modalidades criadas por seus representantes. O Cordel, desde o seu início, reforçou sua característica mais marcante: a literariedade, embora reaproveite temas do universo dos repentistas. A célebre *Peleja do Cego Aderaldo com Zé Pretinho do Tucum*, publicada em folheto na primeira década do século XX, apesar de ser dada como acontecida por muitos pesquisadores, foi, toda ela, inventada pelo cordelista Firmino Teixeira do Amaral (V. Cap. 4).

[6] Catulo da Paixão Cearense nasceu em São Luís (MA) a 8 de outubro de 1863. Adolescente, mudou-se para o Ceará, e depois para o Rio de Janeiro. Introduziu o violão – antes associado à vadiagem – nos salões da nobreza carioca e nos rígidos conservatórios de música. A ele é creditada a autoria de *Luar do sertão*, clássico do nosso cancioneiro, gravado por inúmeros intérpretes. Se não é o criador, foi o grande divulgador da chamada "poesia matuta". Faleceu no dia 10 de maio de 1946, no Rio de Janeiro.

Marco Haurélio

a verdade tem sono leve. Marlyse Meyer, na antologia *Autores de Cordel*, tendo como modelo o poeta e editor Manoel Camilo dos Santos, esclarece:

> *De modo geral, os poetas procuram se informar de tudo. Leem, quando podem, e tentam possuir uma pequena biblioteca. É o caso de Manoel Camilo, possuidor de uma estante cheia de livros. É também característica do poeta popular uma verdadeira obsessão pelo aprimoramento da linguagem. Justamente por isto, não podem ser confundidos com os chamados poetas matutos, os quais deformam de propósito o idioma, com o intuito de recriar a linguagem do homem do campo, que acreditam errada.*[7]

O poeta Arievaldo Viana usa o Cordel para combater a desinformação:

> *Para quem ama o Cordel,*
> *Porém só vê poesia*
> *Nessa linguagem matuta:*
> Pru quê, pru mode, pru via,
> *Tendo o sertão como tema,*
> *Pode esquecer meu poema,*
> *Bater noutra freguesia.*
>
> *Pois eu procuro escrever*
> *Num correto português.*
> *E se acaso eu errar*
> *Duas palavras ou três,*
> *Não foi por querer errar,*
> *Foi procurando acertar,*
> *Isso eu garanto a vocês.*

---

[7] *Autores de Cordel*, p. 95.

Breve História da Literatura de Cordel

No Sudeste, a música caipira e a poesia popular do interior paulista, pesquisadas e divulgadas a princípio por Cornélio Pires (1884-1958), além dos pasquins, têm o mesmo substrato da Literatura de Cordel do Nordeste. A predominância da redondilha menor (versos de cinco sílabas poéticas) e da redondilha maior (versos de sete sílabas poéticas) remete aos clássicos portugueses – Gil Vicente (ca. 1465-1536), Diogo Bernardes (1530-1605), Sá de Miranda (1481-1558) e Luís de Camões (ca. 1524-1580). E, apesar das divisões levadas a efeito pelos estudiosos da literatura, e da fronteira ilusória entre o "erudito" e o "popular", tudo é continuidade, como atesta o exemplo de Gregório de Matos Guerra a vociferar contra os tartufos de seu tempo, na Bahia do século XVII.

Leandro Gomes de Barros

Para entendermos melhor o processo, precisamos retroceder às últimas décadas do século XIX, quando surgiu Leandro Gomes de Barros, nascido no sítio Melancia, então município de Pombal (PB), a 19 de novembro de 1865. Não é absurdo afirmar ser este autor o "pai da Literatura de Cordel brasileira", já que explorou e deu forma a todos os gêneros e temas, preparando, assim, a estrada na qual os vates populares transitam ainda hoje. Leandro migrou para a região do Teixeira, ainda na Paraíba, um dos berços da poesia popular do Nordeste. Aos 15 anos, mudou-se para as cidades pernambucanas de Vitória, Jaboatão e, finalmente, Recife, onde permaneceu até sua morte, ocorrida a 4 de março de 1918. Na capital pernambucana, ao lado dos confrades Francisco das Chagas Batista e Silvino Pirauá de Lima, Leandro ajudou a escrever algumas das mais belas páginas da história da cultura brasileira. Com ele surgiu a figura do editor de Cordel que escrevia, publicava e distribuía a sua produção.

Nas raras horas de lazer que a lida da roça proporcionava, as pessoas se reuniam em torno de alguém que soubesse ler e se deleitavam com os romances de Leandro: *O cachorro dos mortos, Os sofrimentos de Alzira, Juvenal e o dragão, A força do amor, Peleja de Manoel Riachão com o Diabo, História da donzela Teodora, O boi misterioso*. Estas e muitas outras obras já ultrapassaram com folga a casa dos milhões de exemplares vendidos, e são reeditadas há mais de cem anos, ininterruptamente. Nenhum poeta brasileiro o supera em número de leitores. Paradoxalmente, seu nome é pouco conhecido. Isto, em parte, pode ser atribuído às contrafações do editor João Martins de Athayde, paraibano de Ingá do Bacamarte, personagem de destaque na história do Cordel.

Em 1921, Athayde adquiriu junto à viúva de Leandro, Venustiniana Eulália de Barros, os direitos de publicação de boa parte de sua obra. Essa iniciativa foi em parte benéfica

Os amigos Leandro Gomes de Barros e Francisco das Chagas Batista, pioneiros da Literatura de Cordel brasileira.

Breve História da Literatura de Cordel

para o Cordel, porque Athayde, a partir do Recife, profissionalizou a distribuição dos folhetos, adquiriu outras obras clássicas e, indiretamente, gerou centenas de empregos, por meio dos muitos revendedores e agentes espalhados por feiras, mercados e pontos estratégicos, como estações de trem e portas de igrejas. Teve a seu serviço um jovem tipógrafo que se revelaria um magnífico poeta: Delarme Monteiro Silva. Por outro lado, o editor Athayde, que era, também, poeta de méritos, passou a assumir a autoria dos folhetos de Cordel por ele adquiridos, assinando todos os títulos. Leandro, depois de morto, foi a maior vítima desta prática condenável.

Em 1949, após sofrer um derrame cerebral, Athayde vendeu os direitos de publicação de sua propriedade a José Bernardo da Silva, alagoano radicado em Juazeiro do Norte (CE), que incorreu no mesmo erro do antecessor, valendo-se de sua posição como editor-proprietário. Essa atitude questionável dificultou aos futuros pesquisadores a identificação da autoria de vários folhetos. Sebastião Nunes Batista, pesquisador da Casa de Rui Barbosa, filho de Chagas Batista, conseguiu restituir a Leandro muitos dos títulos usurpados por Athayde. Justiça que chegou tarde, mas, mesmo assim, ajudou a corrigir vários equívocos reproduzidos em publicações especializadas que atribuíam ao poeta de Ingá do Bacamarte o melhor da produção leandrina.

Cordelistas e repentistas

Quando a Literatura de Cordel, ou de folhetos, estava tomando forma, viviam, na região do Teixeira, afamados cantadores,[8] como

---

[8] O repente se caracteriza pela improvisação e, geralmente, é feito por cantadores que têm domínio da linguagem poética e das várias modalidades criadas ao longo do tempo em que se desenvolveram as cantorias.

Marco Haurélio

o escravo Inácio da Catingueira e Romano da Mãe d'Água. Inácio, embora analfabeto, era brilhante improvisador, e Romano, seu oponente numa peleja, possuía rudimentar instrução. Leandro, por outro lado, mesmo sendo bom glosador, decidiu-se por registrar no papel os seus versos, possivelmente ainda no Teixeira, levando-os ao prelo em Pernambuco. A peleja de Inácio com Romano foi recontada em folheto por Leandro – que reaproveitou trechos caídos na oralidade – e por Silvino Pirauá de Lima. A versão de Leandro é simpática ao cantador negro. Já Pirauá, discípulo de Romano, tendenciosamente, atribui a este a vitória.

Alguns grandes repentistas, desde o início, enveredaram pelas sendas do Cordel, a começar pelo próprio Pirauá, que nos legou os clássicos *O capitão do navio* e *História de Zezinho e Mariquinha*. Com o seu mestre, o cantador Francisco Romano Caluête, o já citado Romano da Mãe d'Água, Pirauá corria o Nordeste, à maneira dos menestréis medievais, levando às populações carentes seu canto e sua poesia. Os romances de sua lavra foram publicados no Recife, por Leandro, no início do século XX, embora, provavelmente, já corressem na tradição oral, como outros títulos produzidos na época.

Outros poetas que transitaram por ambas as linguagens – oral e escrita – foram José Galdino da Silva Duda, o Zé Duda, João Melchíades Ferreira da Silva, Severino Milanês da Silva, José Camelo de Melo Resende e José Faustino Vila Nova. Mais recentemente, vale citar Natanael de Lima, Severino Borges Silva, Antônio Eugênio da Silva, Luiz Gomes Lumerque, Francisco Sales Arêda e até mesmo Manoel D'Almeida Filho.[9]

---

[9] Tiremos então de uma vez por todas a dúvida: repentista não é cordelista, e cordelista não é repentista. Repentista *pode ser* cordelista, e vice-versa (mas não é regra). O Cordel não é a versão escrita do repente, assim como o repente não é o Cordel cantado. São manifestações irmãs que se desenvolvem na mesma região e, à medida que o tempo passa, têm acentuadas as suas diferenças.

A necessidade do saber livresco, seja para exibição nas cantorias, seja para fundamentação na criação literária, era uma constante entre os bons cordelistas-repentistas. A Bíblia, um livro de História, outro de Geografia ou Gramática, o *Lunário perpétuo*[10], o *Livro de Carlos Magno* bastavam para os rudimentos de erudição necessários aos artífices do verso popular. Mas, surpreendentemente, testemunhamos, no alvorecer do Cordel, a existência de uma versão poética da *História de D. Genevra*, uma das novelas do *Decameron*, de Boccaccio, elaborada pelo citado Zé Duda. Esta versão, de tão conhecida pelos leitores

Natanael de Lima, Severino Milanês da Silva e Antônio Eugênio da Silva, poetas fecundos que se dedicaram ao Cordel e à cantoria.

e cantadores de feira, chamou a atenção de Câmara Cascudo, que a estudou e a publicou na íntegra na coletânea *Vaqueiros e cantadores*.

---

[10] O *Lunário Perpétuo* foi um almanaque que circulou em Portugal pelo menos três ou quatro séculos, tendo como autor Jerônimo Cortês. O *Lunário* reunia as informações mais variadas sobre medicina rústica, fases da lua e o tempo certo para o plantio. Por sua causa, muitos poetas de Cordel se fizeram astrólogos, a exemplo de Luís Gomes de Albuquerque (que mudou o último nome para Lumerque, por influência da numerologia), João Ferreira de Lima, Manoel Caboclo e Silva, Vicente Vitorino de Melo e José Costa Leite.

Marco Haurélio

Na cidade de Genova[11]
Havia um negociante
De dinheiro e muitos prédios
Ele contava bastante
E na forma de viver
Era mais interessante.

Casado com uma mulher
De grande abilidez
Lia, escrevia e contava
Falava bem português
Italiano, latim
Grego, alemão e francês.

Chamada Dona Genevra
Amava muito ao marido
Ele chamado Bernardo
De todos bem conhecido
Neste lugar não havia
Outro casal tão unido.

Câmara Cascudo, talvez por desconhecer, em sua época, tradução portuguesa do *Decameron*, acreditava que "em idioma acessível o cantador nada podia ter lido".[12] É possível que a história tenha se descolado do compêndio de Boccaccio e circulado como obra independente. Vale lembrar que o mesmo Zé Duda recriou em sextilhas o romance *A viuvinha*, de José de Alencar, sutilmente rebatizado como *Os martírios de Jorge e Carolina*. E, neste caso, não se pode afirmar que ele tenha recorrido a uma fonte popular. Prova sobeja de que o poeta nordestino, desde a primeira geração, buscou superar

---

[11] *Genova*, por exigência da métrica, deve ser lida como palavra paroxítona.

[12] *Vaqueiros e Cantadores*, p. 242.

as adversidades por meio da leitura, dando à luz recriações literárias de qualidade inquestionável.

Na atualidade, dentre os poetas que empunham a viola e manejam a caneta com a mesma habilidade, merece destaque Antônio Ribeiro da Conceição, o Bule-Bule, de Antônio Cardoso (BA). Outros autores talentosos nas duas searas: Geraldo Amâncio Pereira e Zé Maria de Fortaleza, estabelecidos na capital cearense, onde têm folhetos publicados pela Tupynanquim Editora. Sebastião Marinho, paraibano residente em São Paulo, fundador da União dos Cordelistas, Repentistas e Apologistas do Nordeste (UCRAN), transita com naturalidade pelos dois gêneros, embora sua identificação ao repente seja imediata. O mesmo acontece com Valdeck de Garanhuns, que, no entanto, tem seu nome mais associado à arte do mamulengo, e com o jovem trovador sergipano Rafael Neto, talvez o mais promissor cordelista-repentista de sua geração. Há, ainda, cantadores, que não são repentistas de ofício, como os piauienses Beto Britto e Jorge Mello, embora o último, vez ou outra, recorra ao improviso. Cada um ajuda a escrever, a seu modo, a rapsódia nordestina.

2

Nordeste medieval

Uma obscura lenda medieval, conservada pela tradição, ajuda a entender o processo de difusão e o prestígio alcançado pela poesia popular do Nordeste. Nela, o menestrel é figura de destaque. Refere-se a Ricardo Coração de Leão, rei inglês de origem normanda, herói de muitas canções de gesta, a despeito de ter sido, segundo os historiadores, um monarca movido pela impiedade. Ocupou o trono, após vencer numa batalha o rei Henrique II, seu pai, que, antes de morrer, lançou-lhe uma maldição. Ao ser coroado em 1189, afirmou, resoluto, que iria à Terra Santa defender o sepulcro de Cristo. O povo, em delírio, aclamou o rei que partia para uma cruzada. Não carece determo-nos em detalhes desta empreitada, na qual Ricardo mostrou-se um hábil guerreiro e um mau político. Promoveu banhos de sangue e espalhou terror entre os muçulmanos. Colecionou inimigos, inclusive nas hostes cristãs, dentre eles o duque Leopoldo V, da Áustria.

No retorno à Inglaterra, sua embarcação, impelida pelas ondas, foi arremessada às costas do Adriático. Disfarçado, tentou atravessar a Áustria, porém, reconhecido, caiu prisioneiro. Seus homens foram trucidados. Os poucos sobreviventes, rotos e famintos, alcançaram a Inglaterra. Noticiaram a prisão do re

Breve História da Literatura de Cordel **27**

sem, contudo, indicar o local. A notícia semeou desespero entre as camadas populares, mas foi motivo de júbilo para o príncipe João Sem-Terra, o despótico irmão de Ricardo, que havia muito ambicionava o trono. Nesse período, lenda e realidade se enredam. Surge Robin Hood, um fora da lei de ascendência nobre, liderando um bando de salteadores que roubavam dos ricos e distribuíam aos pobres. Robin era também personagem de baladas e canções de gesta.

A desesperança já se apossava dos ingleses quando um jogral popular, Blondel de Nesle, igualmente de origem normanda, de posse de sua bandurra, resolve sair à procura de seu senhor. Galgou enormes distâncias, cantando à beira dos calabouços, levando aos prisioneiros o lenitivo de sua bela voz. Ao rei Ricardo era atribuído o dom da poesia. Em outros tempos compusera uma canção, que, por sua feição de diálogo, se assemelha a algumas modalidades do repente nordestino. Por sorte, o menestrel, em suas andanças pela Europa Central, deparou com a prisão de Durnstein, onde entoou justamente a cantiga composta pelo rei. A resposta veio de uma das torres, para alegria do jogral, que enfim encontrara seu amo.

De volta à Inglaterra, Blondel espalhou a notícia. O resgate foi pago, por imposição popular, contra a vontade do príncipe João. A tradição atribui ainda a Robin Hood e ao jogral Guilherme de Long Champ a árdua missão de levantar o dinheiro, exigido por Leopoldo V. Pago o resgate, Ricardo, de volta à Inglaterra, viu-se obrigado a retomar os combates, desta vez contra Felipe Augusto, da França, que reivindicava a Normandia. Vitorioso, Ricardo desfrutaria de glória efêmera. Morreria, no cerco ao castelo de Limoges, abatido por uma flecha atirada por certo Gourdon. O rei buscava um tesouro enterrado no castelo, pois, de acordo com o direito feudal, lhe pertencia a

Ricardo Coração de Leão chega à Terra Santa.
Gravura de François Guizot (1883).

Breve História da Literatura de Cordel 29

metade. Marchara contra o senhor do castelo e perdera a vida. Os ocupantes do castelo, derrotados, foram todos enforcados. Gourdon, o assassino do rei, teve destino pior: foi esfolado vivo. O tesouro, nunca encontrado, reforçou as suspeitas de traição, e João Sem-Terra, para sempre identificado à vilania, foi apontado como o principal responsável pela tragédia.

A lenda do rei Ricardo mostra o processo de formação, na mentalidade coletiva, do mito do herói popular. Pelo mesmo processo passaram outros reis e heróis, a exemplo de Carlos Magno, cuja presença nas tradições populares do Brasil é motivo de estudos que vão além do folclore e da etnografia. Na base da cristalização do mito está o jogral, o bardo itinerante, o poeta do povo, encarregado de difundir e divulgar as façanhas dos heróis que, conscientemente ou não, ele ajuda a fabricar.[13]

As narrativas populares, de fundo heroico, satírico ou religioso, impregnarão a obra dos grandes escritores da Idade Média e do Renascimento. São muitos os exemplos, mas citemos, a título de curiosidade, o *Gargantua*, de François Rabelais, o *Dom Quixote*, de Cervantes, *A megera domada* e *O mercador de Veneza*, de Shakespeare. Antes, Geoffrey Chaucer, com seus *Contos de Canterbury*, e Giovanni Boccaccio, no *Decameron*, deram forma literária a narrativas populares que fatalmente desapareceriam ou sofreriam com as transformações e deformações impostas pela passagem do tempo.

---

[13] Este é um resumo do capítulo *Ricardo Coração de Leão*, do livro *Grandes enigmas da História*, da historiadora e folclorista Ruth Guimarães. O sugestivo subtítulo, *Como se faz um herói popular*, nos ajuda a compreender o processo de mitificação dos protagonistas do drama do cangaço, encenado no Nordeste brasileiro, a partir do século XVIII. Veja-se GUIMARÃES, Ruth, op. cit., São Paulo: Cultrix, 1975.

Carlos Magno na poesia popular

Quando se fez a travessia do oral para o escrito, num Nordeste ainda com forte cheiro de Idade Média, dominado pelo misticismo e pelo atavismo da gesta carolíngia, Leandro Gomes de Barros, como vimos, escreveu algumas das mais belas páginas da nossa poesia popular. A partir da gesta de Carlos Magno, Leandro deu a lume a *Batalha de Oliveiros com Ferrabrás* e *A prisão de Oliveiros*, inaugurando, na Literatura de Cordel brasileira, o gênero épico. Extraídas da *História do Imperador Carlos Magno e dos Doze Pares de França*, as duas histórias, compostas em décimas de sete sílabas, faziam parte do ciclo carolíngio, que, na Europa Medieval, se contrapunha ao ciclo bretão, ou da Távola Redonda, que girava em torno do Rei Artur. Os dois ciclos apresentam algumas similaridades.

Carlos Magno, segundo a lenda, além do exército, reunia à sua volta a *nata* da cavalaria, os Doze Pares de França. A lenda traz a marca do simbolismo cristão, a começar pelo número de cavaleiros, equivalente ao de discípulos de Jesus Cristo. A *Batalha de Oliveiros com Ferrabrás*, em sua primeira décima, alude a esta fraternidade lendária. O episódio gira em torno da luta travada entre Oliveiros e o gigante turco Ferrabrás:

> *Eram doze cavaleiros*
> *Homens muito valorosos*
> *Destemidos e animosos*
> *Entre todos os guerreiros*
> *Como bem fosse Oliveiros*
> *Um dos pares de fiança*
> *Que sua perseverança*
> *Venceu todos infiéis*
> *Eram uns leões cruéis*
> *Os doze pares de França.*

Breve História da Literatura de Cordel 31

A face épica do Cordel brasileiro no maior clássico do gênero: *A Batalha de Oliveiros com Ferrabrás*, de Leandro Gomes de Barros, em ilustração de Klévisson Viana e Eduardo Azevedo.

Marco Haurélio

Na França e em outros países, o paladino Roland (no Brasil e em Portugal, Roldão), sobrinho de Carlos Magno e o maior dos seus guerreiros, foi celebrado pelos poetas que, de vila em vila, iam espalhando a notícia de seus feitos, amplificados pela imaginação popular. Seu companheiro inseparável, Olivier (o nosso Oliveiros), não desfrutou do mesmo prestígio, mas, ainda assim, a notícia de suas façanhas está gravada na memória coletiva. Roland não morreu em combate com os turcos, como se supõe. O grande herói dos francos sucumbiu, exausto, a um ataque dos inimigos bascos, a 15 de agosto de 778, na famosa batalha de Roncesvalles. Foi celebrado pela *Chanson de Roland*, que Câmara Cascudo afirma ter surgido entre 1090 e 1130. Além da *Chanson*, o paladino foi imortalizado na epopeia *Orlando furioso*, de Ludovico Ariosto (1474-1533), uma das obras-primas da literatura italiana. Os versos de Ariosto, à época, passaram a ser cantados pelo povo que, de imediato, se identificara com o herói.

O belo romance cordelístico *O cavaleiro Roldão*, escrito por Antônio Eugênio da Silva, e publicado em 1958, acompanha toda a vida aventurosa do herói, desde o nascimento até o martírio, em virtude da traição do conde Galalão. O fim do paladino, narrado com dramaticidade, é um misto de reverência e respeito àquele que foi, ao mesmo tempo, guerreiro e santo:

> *Aí olhou para o céu*
> *Juntou as mãos e os pés*
> *Morreu do modo que morrem*
> *Todos viventes fiéis*
> *Foi a dezesseis de julho*
> *De oitocentos e dez.*[14]

---

[14] Observe-se a discrepância em relação às datas de morte do paladino.

Breve História da Literatura de Cordel 33

O poeta imagina, proferidas por Carlos Magno, as palavras que poderiam servir de epitáfio ao sobrinho do grande imperador francês:

Foi a honra dos franceses
Foi o horror da Turquia
Foi defensor da igreja
Amou Jesus e Maria
Zelador dos bens alheios
Boca que jamais mentia.

Foste um Judas Macabeu
Em força foste um Sansão
Sem ti eu sou um Davi
Sem seu filho Absalão
Salvai meu Jesus a alma
Do meu sobrinho Roldão.

Roldão, a princesa Angélica, por quem ele se apaixona, e Carlos Magno, são personagens das tradicionais cavalhadas, que guardam reminiscências da Idade Média, especialmente das justas e torneios envolvendo cavaleiros em demonstrações de destreza e habilidade. Em Serra do Ramalho (BA), região do Médio São Francisco, ainda é encenada no dia de São João (24 de junho) a modalidade teatral desta manifestação folclórica em que aparecem os personagens acima citados.

Embora alguns estudiosos tenham enxergado na poesia popular um "ciclo de Carlos Magno", são poucas as obras sobre o tema. Além dos títulos mencionados, pelo menos mais dois alcançaram destaque: *Roldão no leão de ouro*, de João Melchíades Ferreira, e *A morte dos doze pares de França*, enfadonho romance de Marcos Sampaio.

O valente Zé Garcia

A gesta do gado – ou do vaqueiro nordestino – ao lado da epopeia do cangaço trouxe para a atualidade o lendário medieval. Um desses romances, a *História do valente sertanejo Zé Garcia*, teve grande penetração popular. Em que pese o estilo um tanto descuidado do autor, João Melchíades,[15] trata-se de um retrato vivo do Nordeste, em especial do Piauí da pastorícia, com seus intrépidos vaqueiros evocando a antiga cavalaria, agora envolta em trajes de couro, verdadeira armadura contra os arbustos espinhosos da caatinga. Impressionante também, no romance, é a rica descrição dos costumes sertanejos, em um ambiente onde predominava a lei do mais forte. "Não há melhor documento na poética tradicional que melhor reúna as características da vida sertaneja em meados do século XIX",[16] sentenciou Câmara Cascudo. A descrição da pega do barbatão Saia-Branca, touro mandingueiro da fazenda de Miguel Feitosa, por Zé Garcia, rememora as façanhas dos cavaleiros medievais em seu mundo feérico. As donzelas Zulmirinha Feitosa e Sinforosa protagonizam o saboroso diálogo que revela a rica analogia com a lenda carolíngia e o grande paladino Roldão, do qual Garcia é um avatar:

---

[15] João Melchíades Ferreira da Silva (1869-1933) foi combatente em Canudos e na Questão do Acre, e cultivava o gosto por histórias de bravura, tanto do ciclo carolíngio quanto da epopeia dos vaqueiros e jagunços do Nordeste. É de sua autoria um dos primeiros folhetos impressos sobre a Guerra de Canudos, obviamente apresentando uma visão depreciativa de Antônio Conselheiro e de seus seguidores. Melchíades figura também como personagem de destaque no *Romance da Pedra do Reino*, de Ariano Suassuna.

[16] *Vaqueiros e cantadores*, p. 289.

Sinforosa, Zé Garcia
Vive prestando atenção
Ao livro de Carlos Magno
Ele até por distração
Fala na princesa Angélica
Que se casou com Roldão.

Zé Garcia, ajudado pelo irmão Lourival, que se apaixona por Zulmirinha, filha de Miguel Feitosa, traça um plano de raptar as duas moças, levando-as do Piauí para o Seridó. Sinforosa, a favorita de Garcia, era filha do coronel Cincinato, um grande proprietário de terras, que tinha a seu serviço muitos jagunços, além de um repelente feiticeiro (outra ponte com a Idade Média). A fuga repete em parte a história de rapto de Angélica por Roldão. Ao final, após muita perseguição, os pais acabam abençoando a união das filhas, que já se achavam casadas com os dois audaciosos vaqueiros.

Roberto do Diabo

Roberto do Diabo nasceu por causa de uma blasfêmia. A lenda tenebrosa que envolve o seu nome repercutiu por séculos e deve ter tirado o sono de muita gente, tanto na Europa como nos lugares em que a influência europeia se fez presente. Sua mãe, duquesa da Normandia, não podendo conceber do esposo, pede ajuda ao Diabo. Roberto, o fruto desta invocação blasfema, revelar-se-á a própria encarnação do mal. Cometerá todos os excessos – pilhagens, assassinatos – até a conversão ao cristianismo, que se dá mediante a intervenção de uma

Marco Haurélio

voz, num processo análogo à conversão de Saulo de Tarso na estrada de Damasco. A par da sua origem, descrita pela mãe, Roberto buscará a ascese purificadora por meio da penitência e da autopunição.

Câmara Cascudo, na obra *Cinco livros do povo*, investiga a origem do fascinante personagem. Cruel ao extremo até o dia de sua redenção, Roberto é o símbolo da ferocidade normanda refreada pela presença cristã. Dentre as fontes escritas, Cascudo aponta as *Chroniques de Normandie*, atribuídas a um autor normando do qual a História não guardou o nome. Do mesmo período é a novela *Robert the Devil*, impressa na Inglaterra por ocasião da invasão normanda promovida por Guilherme, o Conquistador,[17] no século XI.

A história de Roberto, em diferentes recriações, que acrescentaram novos elementos, foi impressa na França e na Espanha até a sua inclusão no Índex Expurgatório da Igreja, em 1581. Mesmo assim, sua popularidade não foi abalada e, na primeira metade do século XVIII, apareceu a primeira tradução portuguesa, feita por Jerônimo Moreira de Carvalho. O título traz uma sinopse do famoso romance:

---

[17] Roberto é associado, entre outras figuras históricas, a Robert Courteheuse, filho de Guilherme; o Conquistador, que morreu em 1134, durante a primeira cruzada.

[18] *Cinco livros do povo*, p. 172.

Breve História da Literatura de Cordel

> HISTÓRIA DO GRANDE ROBERTO, DUQUE DA NORMANDIA E EMPERADOR DE ROMA, EM QUE SE TRATA DE SUA CONCEIÇÃO, NASCIMENTO E DEPRAVADA VIDA, POR ONDE MERECEU SER CHAMADO ROBERTO DO DIABO, E DO SEU GRANDE ARREPENDIMENTO E PRODIGIOSA PENITÊNCIA, POR ONDE MERECEU SER CHAMADO ROBERTO DE DEUS E PRODÍGIOS QUE, POR MANDADO DE DEUS, OBROU EM BATALHA.[21]

Roberto do Diabo, em busca de redenção, aparece nesta gravura de 1904, de Charles Mills Gayley.

Em Portugal, no século XIX, circulou uma versão poética em quadras, forma predominante para a fixação da literatura popular daquele país:

Marco Haurélio

> *Na província da Normandia*
> *O duque Alberto vivia,*
> *Pelo seu nobre caráter*
> *O povo muito lhe queria.*

> *Precisava de casar-se*
> *Por causa da sucessão*
> *Com esse fim reuniu-se*
> *A nobre corte em Ruão.*

No final, Roberto, já convertido, recebeu, por antinomia, o nome Roberto de Deus e um filho para preservar a agora abençoada descendência:

> *Roberto de Deus agora*
> *Toda a gente lhe chamava.*
> *Dos seus atos de rapaz,*
> *Já ninguém então falava.*

> *Deu-lhe a esposa um filho,*
> *Para ser seu sucessor,*
> *Criança mui virtuosa,*
> *Dotada de grande valor.*

Ainda hoje é publicada no Brasil a *História de Roberto do Diabo*, na versão que Câmara Cascudo conheceu em 1938, impressa com a indicação de autoria de João Martins de Athayde.[19]

> *Na província da Normandia,*
> *Na remota antiguidade,*
> *Viveu o Duque Alberto,*

---

[19] Poetas e folheteiros veteranos, como o sergipano João Firmino Cabral e o paraibano João Vicente da Silva, asseguravam ter conhecido edições mais antigas nas quais constava como autor Leandro Gomes de Barros.

Breve História da Literatura de Cordel

Cheio de fraternidade,
Era ele o soberano
De toda aquela cidade.

No epílogo, a notícia da continuidade de sua linhagem na figura de Richard Sans Peur – conhecido entre nós como Ricarte da Normandia –, unindo Roberto à fraternidade de Carlos Magno, confirma a bênção:

Viveu Roberto casado
No seio da confiança,
Tiveram um filho único,
Que ficou como lembrança:
Foi Ricarte de Normandia,
Dos Doze pares de França.

Uma passagem interessante do romance é aquela em que o poeta, para facilitar a compreensão do leitor, aproxima Roberto do facínora contemporâneo, o cangaceiro – trata-se, afinal, do primeiro quartel do século XX. A reunião de príncipes com o intuito de acabar com o reinado de perversidade de Roberto, ainda à mercê do Diabo, lembra as volantes que se formaram para pôr fim à ação dos cangaceiros:

Juntaram-se os príncipes todos
Nacional e estrangeiro,
Mandaram chamar Roberto,
O bandido cangaceiro.
Deram a ele um bom cavalo
Gordo, possante e ligeiro.

Essa comparação não traz um anacronismo gratuito. Antes, se insere num processo natural de assimilação, a exemplo da

Marco Haurélio

analogia de Zé Garcia com Roldão, há pouco descrita. A esse respeito afirma Silvano Peloso:

> *O poeta popular nordestino tem à sua disposição diversas caracterizações herdadas do passado que lhe permitem valorizar ambos os aspectos desta figura. Assim, em numerosos folhetos, por exemplo, Lampião, embora realizando toda sorte de crime, chega a converter-se como o Roberto do Diabo da tradição, tornando-se o paladino dos bons ideais. Roberto do Diabo, por sua vez, chegara a simbolizar no Nordeste – através da interpretação dos vários poetas populares – a coragem a serviço do Mal, e depois o arrependimento e a conversão em soldado de Deus.*[20]

A João Martins de Athayde é atribuída a *História do valente Vilela*, romance sobre um cangaceiro perverso que, um dia, deixa a vida de crimes, tornando-se um místico. A história traz elementos da lenda de Roberto do Diabo. Câmara Cascudo dedicou-lhe belas páginas na antologia *Flor dos romances trágicos*.

A *História do valente Vilela*, mais que a atualização da temática de Roberto do Diabo, é o drama humano de queda e redenção. Personagem fascinante, mesmo sem autenticação da História, o cangaceiro que se torna um santo reaparecerá transfigurado em *A hora e a vez de Augusto Matraga*, um dos contos antológicos de *Sagarana*, de Guimarães Rosa. Na mitologia grega, são abundantes os episódios em que os heróis buscam a purificação para expiar um crime ou uma falta grave: Hércules realiza os doze trabalhos a mando do rei Euristeu para se purgar do crime hediondo de infanticídio; Édipo arranca os próprios olhos após descobrir que, involuntariamente, tornara-se parricida e desposara a própria mãe, Jocasta. Trocará o cetro de Tebas pelo bordão dos peregrinos e a dignidade de rei pela ignomínia da mendicância.

Disso tudo, pode-se concluir: de tempos em tempos alguns arquétipos reaparecem apenas para mostrar que a lenda, por mais que

---

[20] *Op. cit.*, p. 112.

Breve História da Literatura de Cordel 41

esperneiem os historiadores, é mais forte, na imaginação popular, que os fatos. Assim, Roberto do Diabo, "o bandido cangaceiro", transfigura-se no Vilela, um poderoso mito literário à espera de outros artesãos da prosa e do verso.

Leandro Gomes de Barros, em *A confissão de Antônio Silvino*, foi buscar na Bíblia outros modelos de arrependimento dignos da posterior santificação:

> *E a Escritura nos diz:*
> *Dimas foi um quadrilheiro,*
> *Madalena namorava,*
> *São Paulo foi cangaceiro...*
> *Todos foram perdoados –*
> *São hoje santificados*
> *Graças ao manso Cordeiro!*

Um poeta contemporâneo, Klévisson Viana, em *O caçador João Mendonça e o tribunal da floresta*, apresenta um exemplo similar numa obra ao mesmo tempo atual, por sua temática – a preservação da natureza –, e atávica, por sua simbologia – o pecador arrependido é bem-aventurado. Aqui a caça predatória corresponde ao morticínio despropositado perpetrado por Roberto do Diabo e Vilela.

> *Qual asquerosa lagarta*
> *Que faz o casulo dela,*
> *Lhe veio a metamorfose*
> *E lhe trouxe uma alma bela,*
> *Imitando a borboleta:*
> *Bonita, pura e singela.*

Assim, os ventos da Idade Média continuam a soprar nos ouvidos dos poetas que fazem jus à tradição dos bons contadores de histórias.

Romanceiro e cantos populares

O Romanceiro Ibérico, como constatamos, chegou ao Brasil nas primeiras caravelas. Como a imprensa foi introduzida somente em princípios do século XIX, pela família real portuguesa, escorraçada por Napoleão Bonaparte, a tradição oral tornou-se marcante. Os romances peninsulares foram, por muito tempo, executados nos salões nobres do Velho Mundo antes de caírem no gosto popular, por volta do século XVI, coincidindo com a expansão marítima europeia. No Brasil, operou-se um intercâmbio que em tudo enriqueceu o Romanceiro. Praticamente esquecidos nas cortes, os poemas, recriados pelo povo, prevaleceram na oralidade até que, em 1873, Celso de Magalhães recolheu e publicou no jornal *O Trabalho* do Recife uma coletânea, inaugurando uma etapa importante da pesquisa folclórica, que se ampliará ainda no século XIX, e terá, posteriormente, na figura de Silvio Romero o grande compilador.

Juliana e Dom Jorge (Veneno de Moriana) é um dos romances ibéricos mais conhecidos, e sua antiguidade pode ser fixada a partir da palavra *estrado*, designando o local onde a vingativa heroína recebe o ex-amante. Existem muitas versões deste romance, e a que transcrevo foi cantada por Isaulite Fernandes Farias, nascida em 1937, em Igaporã, sertão baiano:

Breve História da Literatura de Cordel 43

– *Deus lhe salve, Juliana,*
No seu estrado sentada!
– *Deus lhe salve, meu Dom Jorge,*
No seu cavalo amontado!

– *Eu soube uma notícia:*
Que Dom Jorge ia casar.
– *É verdade, Juliana.*
Eu vim foi pra lhe avisar.

– *Dá licença, meu Dom Jorge,*
Deixa eu subir no sobrado,
Pegar um copo de vinho
Que pra ti tenho guardado.

– *Oh, que copo de vinho doce*
Que Juliana me deu.
Quando eu pus na minha boca,
Minha vista escureceu.

Se eu soubesse, oh Juliana,
Que tu pusesse no vinho...
Eu sinto minha vista escura,
Não enxergo o caminho.

– *Tu não enxerga o caminho,*
Nem nunca hei de enxergar.
É costume de Dom Jorge
Toda moça enganar.

– *Minha mãe por ora dessa*
Pensava no seu filho vivo...
– *A minha também pensava*
Que Dom Jorge casava comigo.

Marco Haurélio

Este importante romance, reproduzido acima numa versão fragmentária,[21] consta de inúmeras coletâneas. A depender do local em que foi recolhido, terá outro nome, mas o eixo central da história será sempre o mesmo: o da moça que, abandonada pelo ex-amante, lhe serve um copo (ou cálice) de vinho contendo veneno, impedindo, assim, seu casamento com outra.

O Romanceiro é, ainda, a matriz de histórias de amor e de bravura, como *A triste sorte de Jovelina*, clássico cordel de Sátiro Xavier Brandão, publicado no início do século XX. O romance *Brás e Anália*, de Joaquim Batista de Sena, com enredo semelhante, retoma a história dos jovens amantes, unidos pelo amor e separados pela condição social diversa. A tentativa de fuga que precipita a tragédia – a morte da moça por uma onça – é comum às duas versões. O pesquisador Jackson da Silva Lima recolheu em Parapiranga (BA) o poema *José e Maria*, que parece ter servido de fonte aos cordelistas. Conheço, com pequenas modificações, a mesma história, amplamente difundida nas cercanias da Ponta da Serra, local onde nasci e passei os primeiros anos de minha vida:

> *Idade de doze anos,*
> *José a Maria amava,*
> *Mas o velho pai da moça*
> *Com isso não concordava.*
> *Nas cartas que escrevia,*
> *Com tristeza, ela falava:*
> *"Acho melhor nós fugir".*
> *Outro jeito não achava.*

---

[21] Juliana e Dom Jorge, segundo a informante, tia do autor deste livro, eram primos. Esta é uma informação importante que consta de outras versões do romance.

Breve História da Literatura de Cordel 45

Combinaram de encontrar
Na mata do Tombador.
Maria saiu de casa,
A má sorte acompanhou.
Bem na volta do caminho,
Onde a onça lhe pegou.
Maria tinha um xale branco.
No lugar ele ficou.

José conheceu o xale,
Pela mata foi entrando.
A trança do seu cabelo
Na picada foi achando.
Chegou na beira do rio,
Do outro lado foi nadando.
Chegou na gruta da pedra.
A onça tava esperando.

José viu Maria morta.
Pela gruta ele entrou.
Arrancou de seu punhal,
Com a fera ele lutou.
Arrancou de seu revólver,
Ela lhe desafiou.

Foi passando um caçador,
José inda pôde falar:
"Dê lembrança minha família,
Que não posso mais voltar.
Maria morreu por mim,
Por ela vou me acabar.
Aqui dentro destas pedras
Três almas cá vão ficar.
Nós não casamos na terra,
Mas no céu vamos morar".[22]

---

[22] A versão do romance transcrita acima foi rememorada por Valdi Fernandes Farias, meu pai. Para estudos mais detalhados sobre o tema, veja-se *O folclore em Sergipe:* romanceiro, de Jackson da Silva Lima. A dupla caipira Tonico e Tinoco registrou em disco a moda de viola *Dois corações* (de Tonico e Teddy Vieira) de evidente fundo folclórico.

A gesta do gado

Além dos romances sentimentais, prevaleceu a gesta do gado, cujas histórias giravam em torno de bois invencíveis, desafiando a paciência e a perícia de bravos vaqueiros, quase sempre derrotados na tentativa de captura. José de Alencar divulgou *O rabicho da Geralda*, conhecido desde o século XVIII, que narra em quadras a história de um boi "famanaz" que existiu em Quixeramobim, no Ceará.

O ciclo se popularizou em virtude da proeminência da pecuária como atividade econômica, numa época em que não existiam cercas e o gado bovino era criado nos campos abertos. Se um boi se evadisse, a depender da demora em sua captura ou do fracasso dos vaqueiros nesta empresa, sua demanda tomava proporções sobrenaturais. Se o boi desgarrado do rebanho era envolvido por uma aura de mistério, o vaqueiro que o capturasse não fugia da suspeita de ter parte – ou *pauta* – com o *demo*, como o Riobaldo do *Grande sertão*, de Guimarães Rosa. Gustavo Barroso, escritor cearense, que sob o pseudônimo de João do Norte, lançou obras como *O sertão e o mundo* e *Terra de sol*, recolheu e publicou versos da gesta do gado, ainda sob o impacto da visão de Capistrano de Abreu, que enxergava na marcha do litoral para o sertão, a partir da implantação de fazendas, uma "civilização do couro", nascida da necessidade de ocupação das sesmarias, divididas em sítios, no século XVII. Esse olhar romanceado sobre a ampliação da fronteira de povoamento, que ignora o genocídio indígena, é posto em xeque pela moderna historiografia.

Não é na História, portanto, mas no imaginário, que devemos buscar as origens da mitificação do vaqueiro e da sacralização do combate com o boi, presente em muitos sistemas religiosos, como os da Índia e do antigo Egito, em que o touro preto Ápis

Breve História da Literatura de Cordel

Gilgamesh mata o Touro Celeste. Terracota, c. 2250-1900 a.C. (Museu Real de Arte e História, Bruxelas).

era considerado uma encarnação do deus Osíris. No mito iraniano de Mitra, cujo culto chegou a Roma e rivalizou com o cristianismo nascente, este deus é representado abatendo um touro, cujo sangue, aspergido na terra, é o adubo de um novo tempo. A mais antiga citação de um combate com o touro vem da Mesopotâmia e está no antiquíssimo épico de *Gilgamesh*, datado de, pelo menos, 4.000 anos. No poema, sabemos que a deusa Ishtar, repudiada por *Gilgamesh*, envia o touro celeste à terra, causando enorme devastação.

Auxiliado por Enkidu, que segura a cauda do animal, Gilgamesh crava-lhe um cutelo no flanco, matando-o. Na mitologia grega, a captura do touro cretense, enviado por Possêidon para punir o orgulho do rei Minos, é um dos doze trabalhos de Hércules. Nestes combates, o touro, símbolo do poder gerador, precisa ser morto ou capturado para restabelecimento do equilíbrio. As características sobrenaturais dos bois mandingueiros ou misteriosos do romanceiro nordestino são reminiscências, portanto, desse animal tão temido quanto venerado, a ponto de figurar entre as constelações e como signo zodiacal.

No vasto documentário que reuni no sertão baiano inclui-se o *ABC da Fazenda Formosa*, cantado por José Farias, o padrinho José (1918-2007), morador da zona rural de Riacho de Santana, (BA). Circulou somente na tradição oral. A composição, de autor desconhecido, fala de um *pagão* (um boi) que logrou todos os vaqueiros, com exceção de certo Fulozino, o único a levá-lo ao mourão. Vale a pena transcrever as primeiras estrofes, por seu ineditismo:

Marco Haurélio

A Fazenda da Formosa
É fazenda garantida.
Deu uma carreira no boi
E foi parar na bebida,
Morrendo de fome e frio,
Dando a viagem perdida.

Bons cavalos, bons cachorros
Os vaqueiros conduziam.
Nem que fosse como um veado
Com esse boi eles corriam,
Mas corriam o dia inteiro
Até cansavam e caíam.

O código de conduta do sertão é responsável por esta reprimenda que o autor desconhecido faz ao responsável pela *fugida* do boi:

Camilo de Augustinho
Com fama de bom vaqueiro,
Mas foi ele quem deixou
O boi ir embora primeiro.
Se fosse ele eu não ia em casa
Nem para ganhar dinheiro.

A recompensa é outro elemento comum a estas histórias. No caso deste ABC, que com certeza documenta um fato real, o prêmio é bem modesto (a banda do boi), se comparado às fazendas ou à mão da filha do fazendeiro, dotes dos quais o vaqueiro vitorioso se fazia merecedor:

Breve História da Literatura de Cordel

Dava Francisco uma banda
Quem desse o boi amarrado,
Reuniu a vaqueirama,
Ficou tudo variado.
Cavalo bom corredor,
Ficava entregue, cansado.

História do boi misterioso

Um dos primeiros romances versados em Cordel, a *História do boi misterioso*, de Leandro Gomes de Barros, narra um caso extraordinário que teria ocorrido em 1825, no sertão paraibano. Alguns versos tradicionalizados foram reaproveitados pelo poeta, que assim começa o romance:

LEITOR, vou narrar um fato
De um boi da antiguidade,
Como não se viu mais outro
Até a atualidade.
Aparecendo hoje um desse,
Será grande novidade.

Durou vinte e quatro anos
Nunca ninguém o pegou,
Vaqueiro que tinha fama
Foi atrás dele e chocou,
Cavalo bom e bonito
Foi atrás dele e estancou.

Bráulio do Nascimento, em *O ciclo do boi na poesia popular*, aponta pelo menos 25 poemas do propalado ciclo, dos quais se destacam *Boi Surubim, Rabicho da Geralda, Boi Pintadinho, Boi do Quixelô, Boi Barroso*. Quixelô é a localidade onde se desenvolve a *História do boi misterioso*. Leandro, que costurou vários relatos da tradição oral, faz questão de citar a sua fonte, na sétima sextilha, um caso raro de honestidade intelectual.

> *Já completaram trinta anos*
> *Eu estava na flor da idade,*
> *Uma noite conversando*
> *Com um velho da antiguidade,*
> *Em conversa ele contou-me*
> *O que viu na mocidade.*

O velho fala de uma vaca da fazenda Santa Rosa, de propriedade do coronel Sizenando. Um vaqueiro que foi à caça de uma onça testemunhou uma cena que, pela riqueza da descrição, lembra os rituais de invocação demoníaca, que suscitaram feroz perseguição do Santo Ofício em outros tempos, na Europa:

> *Era meia-noite em ponto*
> *O campo estava esquisito,*
> *Havia até diferença*
> *Nos astros do infinito,*
> *Nem do nambu esta hora*
> *Se ouvia o saudoso apito.*

Em cima duma árvore, sem ser visto, o vaqueiro assistiu a uma cena deveras assustadora, após a chegada de dois vultos, na verdade duas mulheres:

> *O vaqueiro viu que os vultos*
> *Eram de duas mulheres,*
> *Uma delas disse à vaca:*
> *– Partes por onde quiseres*
> *Eu protegerei a ti,*
> *E o filho que tiveres.*

Breve História da Literatura de Cordel

Duas edições do famoso romance leandrino, *História do boi misterioso*. A primeira editada em Juazeiro do Norte; a segunda, em São Paulo, com capa em policromia e ilustração baseada na obra de Luís da Costa Pinheiro, *História do boi mandingueiro e o cavalo misterioso*.

> *Ali o vaqueiro viu*
> *Um touro preto chegar,*
> *Então disseram os vultos:*
> *– São horas de regressar.*
> *Disse o touro: – Montem em mim*
> *Que o galo já vai cantar.*

As moças desaparecem montadas no touro preto, encarnação do demônio.[23] A vaca o segue e também desaparece. O vaqueiro mata a onça e, na volta, conta a estranha história. A tal vaca só reaparecerá no momento do parto, justamente naquele que é considerado o dia mais aziago:

> *A vinte e quatro de agosto*
> *Data esta receosa,*
> *Que é quando o Diabo pode*
> *Soltar-se e dar uma prosa*
> *Pois foi nesse dia o parto*
> *Da vaca Misteriosa.*

---

[23] Elementos da bruxaria europeia estão presentes em alguns trechos, especialmente naqueles que focam as duas mulheres. A meia-noite é a hora das aleivosias. Todas as reuniões de demônios, nas narrativas populares, são desfeitas pelo cantar do galo, animal considerado sagrado por anunciar o nascimento de Cristo.

Marco Haurélio

24 de agosto é o dia de São Bartolomeu, data que evoca dor e sofrimento. O caçador que se arriscar a sair de casa nesta data pagará um preço alto por sua audácia. É quando o Diabo se solta. É possível que a lembrança do massacre ocorrido na França neste mesmo dia, em 1572, quando milhares de huguenotes, como eram chamados os protestantes franceses, foram mortos por ordem do rei Carlos IX, tenha aquilatado o pavor.[24]

O boi misterioso é, portanto, filho do medo. Nasce à meia-noite, hora em que os animais predadores, em tempos recuados, devem ter assustado os nossos ancestrais das cavernas. É "preto como carvão", ou seja, um filho das trevas, do desconhecido. Nenhum vaqueiro, por mais perito que seja, conseguirá pegá-lo. O único que se mostra à altura de tal proeza é um cavaleiro que parece ter a mesma origem do boi. Ou seja, um emissário do Diabo. A descrição do estranho vaqueiro é um decalque das narrativas tradicionais, como *O Rabicho da Geralda*.

Nisso chegou um vaqueiro
Um caboclo curiboca –
O nariz grosso e roliço
Da forma de uma taboca;
Em cada lado do rosto
Tinha uma grande pipoca.

Oriundo do – na época – quase desconhecido Mato Grosso, o vaqueiro dá logo a entender quem o enviou:

---

[24] O etnógrafo mineiro Lindolfo Gomes, no entanto, apontou indícios da presença da superstição do dia de São Bartolomeu na Idade Média, no texto medieval *Crestomatia arcaica*, de J. J. Nunes (cf. MACHADO FILHO, Aires da Mata. *Curso de folclore*, Rio de Janeiro: Livros de Portugal, 195, p. 102).

Breve História da Literatura de Cordel

Venho a Vossa Senhoria
*A mandado do **patrão***
Ver um boi misterioso
Que existe neste sertão.
O coronel quer que eu pegue?
Me dê autorização.

A descrição abaixo remete de imediato à caracterização – posterior – do Diabo como vaqueiro na obra de Ariano Suassuna, *Auto da Compadecida*, de 1955, na qual é chamado de *Encourado*:

Meu patrão é bom vaqueiro,
Disse-lhe o desconhecido,
Soube que nesta fazenda
Um boi tinha se sumido
Mandou-me ver se esse boi
Já havia aparecido.

O caboclo passa a noite em vigília ao lado do cavalo, dispensando a hospitalidade do fazendeiro. No outro dia, os vaqueiros o acompanham até o local onde o boi foi visto a última vez. O boi sobe um "oiteiro" e o vaqueiro segue em seu encalço. O coronel e os vaqueiros já desconfiam que ali "anda a mão do Satanás", e tentam acompanhar o boi e seu perseguidor. É quando ocorre a descrição de uma incrível metamorfose. Escondida pela vegetação, uma encruzilhada, resultado do cruzamento de uma estrada com uma vereda, rendeu as estrofes abaixo, que, lidas à noite, à luz do candeeiro, devem ter impressionado muita gente:

Marco Haurélio

Mas o boi chegando perto
Não quis enguiçar a cruz
Tudo desapareceu
Ficou um foco de luz
E depois dela saíram
Uma águia e dois urubus.

Julgam que a águia era o boi
Que quando na terra entrou
Ali havia uma fada
Em uma águia o virou
O vaqueiro e o cavalo
Em dois corvos transformou.

A *História do boi misterioso* é, sem dúvida, um desdobramento do romance tradicional com a introdução do elemento maravilhoso. Mistura a oralidade aos artifícios literários, nos quais Leandro, na poesia popular, foi mestre incomparável.

O poeta potiguar radicado em Fortaleza, Luís da Costa Pinheiro, escreveu e publicou, em dois volumes de 32 páginas, a *História do boi mandingueiro e o cavalo misterioso*, obra de caráter marcadamente sobrenatural, recheada de um humor muitas vezes involuntário, de quase paródia à obra leandrina. O tom chistoso também aparece no posterior *O touro preto que engoliu o fazendeiro*, escrito, nos anos 1950, pelo poeta e editor Minelvino Francisco Silva. Neste romance, o sobrenatural já havia sido contaminado pelo picaresco.

Uma guinada em direção ao passado, que não significa um retrocesso, ocorre em uma publicação de 2013, *Gesta do touro Corta-Chão*, de Eduardo Macedo, que retoma o arcabouço mitopoético presente na obra de Leandro e nos romances anônimos que lhe serviram de base. Na terceira estrofe,

Breve História da Literatura de Cordel 55

o touro mítico que serve de arquétipo ao boi mandingueiro das caatingas é entrevisto:

> *O lendário barbatão,*
> *Dos mais temidos do Norte,*
> *Um touro de corpulência,*
> *Fogoso e deveras forte.*
> *Para o povo sertanejo*
> *Era a inspiração da morte.*

A obra de Eduardo Macedo se articula a partir dos modelos tradicionais, a exemplo do clássico de Leandro, mas, voltada ao leitor-ouvinte atual, recorre a imagens que dialogam com o cinema e com outros meios do fazer artístico; meios estes que não ficaram indiferentes ao boi invencível e ao vaqueiro desconhecido que, há muito, correm pelos campos e várzeas do inconsciente coletivo.

O menestrel e o bandoleiro

Cego Aderaldo

O Cego Aderaldo, personagem da mitologia nordestina, deve a um folheto de cordel muito do seu prestígio lendário. Aderaldo Ferreira de Araújo não nasceu cego. Perdeu as "vistas" aos dezoito anos, num desastre de trem na estrada de Baturité (CE).[25] Era o maquinista. A partir daí adotou a profissão errante dos aedos. Nesta condição o folclorista Leonardo Mota o encontra em princípios dos anos de 1920. Ao citar algumas estrofes do velho trovador Luiz Dantas Quesado, que davam conta de coisas impossíveis, Mota ouviu e anotou estas duas estrofes que imaginou saídas da cachola de Aderaldo:

---

[25] "Segundo entrevista do próprio Cego Aderaldo, ele cegou da seguinte maneira: chegou a casa meio-dia em ponto com o corpo muito quente e tomou um copo de água fria. Logo depois sua vista começou a escurecer... Durante toda a sua vida, Aderaldo se questionou como um simples copo d'água podia cegar uma pessoa. Na verdade, foi uma fatalidade. Aderaldo tinha muita vergonha de pedir esmola e fez uma promessa a São Francisco de Canindé para encontrar um meio de ganhar a vida sem precisar mendigar. À noite sonhou com inúmeras estrofes. Assim, teria descoberto seu dom poético, e não parou mais de cantar." (Depoimento do poeta e editor Klévisson Viana)

Breve História da Literatura de Cordel

Só nos falta vê agora
Dá carrapato em farinha,
Cobra com bicho-de-pé,
Foice metida em bainha,
Caçote criá bigode,
Tarrafa feita sem linha.

Muito breve há de se vê
Pisá-se vento em pilão,
Botá freio em caranguejo,
Fazê de gelo carvão,
Carregá água em balaio,
Burro subi em balão.[26]

O folclorista Leonardo Mota anota os versos de Jacó Passarinho e do Cego Aderaldo. A pesquisa resultou no livro *Cantadores*, lançado em 1921.

Impressionado, Mota depõe em *Cantadores*: "Se o cantador Cego Aderaldo foi, inquestionavelmente, o de melhor voz de

---

[26] Estas duas estrofes, contudo, segundo o poeta popular Arievaldo Viana, são de Leandro Gomes de Barros, do folheto *O galo mysterioso, marido da galinha de dentes*, reeditado pela Editora Queima-Bucha de Mossoró (RN). A linguagem estropiada não está no folheto original e, sim, na transcrição de Mota.

Marco Haurélio

quantos com quem hei tratado, está, ainda, entre os de mais apreciável veia poética".[27] Entretanto, é ao poeta de bancada Firmino Teixeira do Amaral que Aderaldo deve boa parte da fama amealhada. A *Peleja do Cego Aderaldo com Zé Pretinho do Tucum*, dada por muitos como acontecida, foi composta por Firmino, então funcionário da editora Guajarina, de Belém do Pará, antes de 1920, pois já é citada, no livro de Leonardo Mota, pelo cantador cearense Jacó Passarinho. Estão nesta peleja os impagáveis trava-línguas que a memória coletiva conservou. Os cantadores são indicados por letras iniciais de seus nomes de guerra. Aderaldo: A; Zé Pretinho: P.

> P.: *Eu vou mudar de toada*
> *Pra uma que mete medo –*
> *Nunca encontrei cantador*
> *Que desmanchasse este enredo:*
> *É um dedo, é um dado, é um dia,*
> *É um dia, é um dado, é um dedo!*
>
> C.: *Zé Preto, este teu enredo*
> *Te serve de zombaria:*
> *Tu hoje cegas de raiva*
> *E o Diabo será teu guia –*
> *É um dia, é um dedo, é um dado,*
> *É um dado, é um dedo, é um dia!*
>
> P.: *Cego, respondeste bem,*
> *Como quem fosse estudado!*
> *Eu, também, da minha parte,*
> *Canto versos aprumado –*
> *É um dado, é um dia, é um dedo,*
> *É um dedo, é um dia, é um dado!*

---

[27] MOTA, Leonardo. *Cantadores:* poesia e linguagem do sertão cearense. Rio de Janeiro: Livraria Castilho, 1921.

Breve História da Literatura de Cordel   59

C.: *Vamos lá, seu Zé Pretinho,*
Porque eu já perdi o medo:
Sou bravo como um leão,
Sou forte como um penedo –
É um dedo, é um dado, é um dia,
É um dia, é um dado, é um dedo!

Zé Pretinho, para sua infelicidade, pede, então, a Aderaldo que puxe uma bela toada. E o Cego se sai com esta:

C.: *Amigo José Pretinho,*
Eu nem sei o que será
De você depois da luta –
Você vencido já está!
Quem a paca cara compra
Paca cara pagará!

P.: *Cego, eu estou apertado*
Que só um pinto no ovo!
Estás cantando aprumado
E satisfazendo o povo –
Mas esse tema da paca,
Por favor, diga de novo!

C.: *Disse uma vez, digo dez –*
No cantar não tenho pompa.
Presentemente, não acho
Quem o meu mapa me rompa –
Pagará a paca cara
Quem a paca cara compra!

P.: *Cego, teu peito é de aço,*
Foi bom ferreiro que fez –
Não pensei que cego tinha
No verso tal rapidez!
Cego, se não for maçada,
Repete a paca outra vez!

Marco Haurélio

> C.: *Arre! Que tanta pergunta*
> *Desse preto Capivara!*
> *Não há quem cuspa pra cima*
> *Que não lhe caia na cara –*
> *Quem a paca cara compra*
> *Pagará a paca cara!*

> P.: *Agora, Cego, me ouça:*
> *Cantarei a paca já*
> *Tema assim é um borrego*
> *No bico de um carcará!*
> *Quem a caca cara compra*
> *Caca cara cacará!*

A peleja, neste vacilo de Zé Pretinho, é vencida por Aderaldo. Embora tenha se tradicionalizado, e muitos ainda a deem por real, a peleja, como foi exposto acima, é tão fictícia quanto o Zé Pretinho derrotado por Aderaldo, confundido com o grande Zé Pretinho do Crato, criador do galope à beira-mar. Firmino Teixeira do Amaral, que o Professor Átila Almeida dá como cunhado do Cego Aderaldo, é, ainda conforme este autor, "o mais brilhante poeta popular que já deu o Piauí, um dos melhores do Nordeste".[28]

O fato é que Aderaldo foi uma alma generosa, tendo adotado, em seus 85 anos de vida, 26 meninos, inicialmente seus guias. Com o tempo, abandonou a prosaica rabeca e passou a trabalhar com um velho projetor de filmes. Quando morreu, a 30 de junho de 1967, em Fortaleza, foi cantado e pranteado como um rei, prova irrefutável de que a lenda havia sido impressa com letras indeléveis no Livro da Imortalidade.

---

[28] *Dicionário biobibliográfico de repentistas e poetas de bancada*, p. 62.

Breve História da Literatura de Cordel — 61

Lampião

28 de julho de 1938. Nesta data, ocorreu a chacina de Angicos, em Sergipe, onde, sem nenhuma chance de defesa, morreram Lampião, sua companheira Maria Bonita e mais nove cangaceiros.

Virgolino Ferreira da Silva, o temível Lampião, é de longe o personagem mais biografado no Cordel. Nenhuma outra personalidade histórica chama mais a atenção dos vates populares. O mais famoso folheto sobre o Rei do Cangaço, *A chegada de Lampião no Inferno*, de José Pacheco, já ultrapassou em muito a marca de um milhão de exemplares vendidos. Nele, a notícia trazida pela alma penada de um cangaceiro, de nome Pilão Deitado, dá conta da confusão dos diabos (sem trocadilhos) provocada pelo Capitão recém-chegado às profundas. Composto em setilhas, desde o início este folheto exerce um fascínio irresistível no leitor, graças ao humor ao mesmo tempo ingênuo e malicioso:

> *Um cabra de Lampião,*
> *Por nome Pilão-Deitado,*
> *Que morreu numa trincheira*
> *Um certo tempo passado,*
> *Agora pelo sertão*
> *Anda correndo visão,*
> *Fazendo mal assombrado.*
>
> *E foi quem trouxe a notícia*
> *Que viu Lampião chegar.*
> *O Inferno, nesse dia,*
> *Faltou pouco pra virar –*
> *Incendiou-se o mercado,*
> *Morreu tanto cão queimado,*
> *Que faz pena até contar!*

Marco Haurélio

Eis o necrológio da capetada:

Morreu a mãe de Canguinha,
O pai de Forrobodó,
Cem netos de Parafuso,
Um cão chamado Cotó.
Escapuliu Boca-Insossa
E uma moleca moça
Quase queimava o totó.

O cordel de José Pacheco dialoga, do começo ao fim, com o teatro de mamulengos. Os nomes estrambóticos dos demônios, o Inferno descrito como uma grande fazenda, o roteiro mínimo mas recheado de situações engenhosas que lembram as *gags* dos filmes cômicos, além da pancadaria "carnavalesca", não deixam margem à dúvida. A ação constante, que remete ao bailado dos bonecos, corrobora a nossa ideia. O Diabo é personagem marcante do teatro de marionetes, assim como a Morte. Esta última não aparece personificada, e nem precisa: Lampião baixa ao Inferno depois de morto.

A estrofe a seguir, particularmente, parece confirmar a noção de "rebaixamento" proposta por Mikhail Bakhtin no clássico estudo sobre o contexto de François Rabelais:

Lampião pôde apanhar
Uma caveira de boi,
Sacudiu na testa dum,
Ele só fez dizer: — Oi!
Ainda correu dez braças
E caiu enchendo as calças,
Mas eu não sei de que foi.

Breve História da Literatura de Cordel

A própria descida do Rei do Cangaço ao Inferno, por seu feitio de paródia, configura-se em *rebaixamento*[29]. A cena escatológica imaginada por Pacheco é de total subversão. O Inferno, local de acerto de contas, região de "choro e ranger de dentes", se transforma em cenário de uma comédia rasgada. Na obra-prima de Pacheco, a figura cômico-heroica de Lampião, síntese das camadas menos favorecidas, invade o Inferno – que, já foi dito, é representado como uma grande fazenda –, mas não toma posse dele. Arrasa-o, vinga-se das afrontas e, em seguida, vai embora.

O teatro de mamulengos no Nordeste recebia, não por acaso, em alguns lugares, o nome de *presepe* (corruptela de presépio), em razão de sua representação nos arredores das igrejas; e, também, em razão de mais um rebaixamento: um motivo religioso que se converte em profano. Vem daí a palavra *presepada*, tão ao gosto das camadas – e dos poetas – *populares*.[30]

Pacheco voltaria à carga em outra obra-prima, *O grande debate de Lampião com São Pedro*, em que funde folheto de utopia com história de presepadas, ao estilo de *Lampião no Inferno*. Depois de passar por regiões encantadas, o estro do poeta encontrará o cangaceiro em frente ao Paraíso, também apresentado como uma grande fazenda, já que possui uma quinta, cercas e, acredite!, um chiqueiro.

---

[29] Rebaixamento, para o russo Mikhail Bakhtin, é "o poderoso movimento para baixo, para as profundezas da terra e do corpo humano (...)". A partir do conceito de carnavalização, isto é, da inversão da ordem estabelecida, quando o rei torna-se um bufão e o bufão torna-se rei. Leia-se BAKHTIN, Mikhail. *A cultura popular na Idade média e no Renascimento*: o contexto de François Rabelais. Tradução de Yara Frateschi Vieira. São Paulo: Annablume, Hucitec, 2002.

[30] A informação é de Hermilo Borba Filho: "Na Bahia, dão nome de Presepe e representam grotescamente as personagens mais salientes do Gênese". Veja-se "Mamulengo" in: *Espetáculos populares do Nordeste*. São Paulo: DESA, 1966.

Chegou no céu Lampião,
A porta estava fechada.
Ele subiu a calçada,
Ali bateu com a mão,
Ninguém lhe deu atenção,
Ele tornou a bater.
Ouviu São Pedro dizer:
– Demore-se lá, quem é?
Estou tomando café,
Depois o vou receber.

São Pedro depois da janta
Gritou pra Santa Zulmira:
– Traz o cigarro caipira!
Acendeu no de São Panta.
Apertou o nó da manta,
Vestiu a casaca e veio,
Abriu a porta do meio,
Falando até agastado:
– Triste do homem empregado
Que só lhe chega aperreio!

Edições variadas de *A chegada de Lampião no Inferno*, folheto de oito páginas, pleno de jocosidade, que garantiu a imortalidade literária a José Pacheco.

Breve História da Literatura de Cordel 65

Não é difícil descobrir que esse São Pedro desleixado vem dos contos tradicionais, nos quais encarna muitos dos defeitos e vícios humanos, em oposição a Jesus Cristo, seu companheiro de viagens. Apesar de criar a expectativa de uma briga semelhante àquela travada no Inferno, envolvendo outros santos convocados por São Pedro, o confronto é evitado por intercessão de São Francisco. Afinal, mesmo um poeta irreverente e genial como José Pacheco conhecia os limites da sátira.

Apesar de haver um ciclo em torno das peregrinações *post-mortem* de Lampião, que inclui ainda *A chegada de Lampião no Céu*, de Rodolfo Coelho Cavalcante, *A chegada de Lampião no Purgatório*, de Luiz Gonzaga de Lima, e *Lampião e Maria Bonita no Paraíso tentados por Satanás*, de Jotabarros, há a predominância ou a tentativa do enfoque realista, mesmo quando os autores partiam de fontes precárias. Por exemplo, o poeta Laurindo Gomes Maciel, no folheto *Lampião arrependido da vida de cangaceiro*, escrito, provavelmente na década de 1930, quando o facínora estava vivo, apela ao Governo para que acabe logo com sua raça. Nem todo mundo via Lampião como um Robin Hood que fez da caatinga sua Sherwood:

> *Lampião é uma fera*
> *Como todo mundo sabe.*
> *Seu nome no Universo*
> *Não terá mais quem o gabe.*
> *Eu temo ele não me jure*
> *Mas não há bem que ature*
> *Nem mal que nunca se acabe.*

[...]

Marco Haurélio

> *Virgulino Lampião,*
> *Se achar meu verso ruim*
> *Deus queira que o Governo*
> *Brevemente dê-lhe fim*
> *Falei somente a verdade*
> *Lampião, por caridade,*
> *Não tenha queixa de mim.*

O fim de Lampião é questionado por Manoel Pereira Sobrinho em *A verdadeira história de Lampião e Maria Bonita*:

> *Não sei se foi vivo ou morto*
> *Porque há contradição*
> *Tem gente que afirma sim*
> *Porém tem quem diga não*
> *O que eu sei é que o mesmo*
> *Nunca mais veio ao sertão.*

O próprio Lampião, admirador da poesia popular, deixou registrados em setilha sua sina errante e os motivos que o impeliram ao crime:

> *Nunca pensei que na vida*
> *Fosse preciso brigar*
> *Apesar de ter intrigas*
> *Gostava de trabalhar*
> *Mas hoje sou cangaceiro*
> *Enfrentarei o balseiro*
> *O meu destino é matar.*

A Zabelê, cantador do bando, são atribuídos os versos que se seguem, feitos logo após a chacina de Angicos:

Breve História da Literatura de Cordel

A viola tá chorando
Tá chorando com rezão
Tão de luto os cangacero
Tá de luto o meu sertão
A viola tá chorando
Tá chorando com rezão.

O poeta Antônio Américo de Medeiros colheu esta sextilha de um suposto encontro havido entre o Cego Aderaldo e Lampião, na qual o menestrel louva o Rei do Cangaço:

É esta a primeira vez
Que canto pra Lampião,
A maior autoridade
Que cruza todo o sertão,
Fazendo medo a alferes,
Tenente e capitão.

Nenhuma biografia em Cordel do bandoleiro, porém, supera *Os cabras de Lampião*, de Manoel D'Almeida Filho, verdadeira epopeia sertaneja em 632 impressionantes sextilhas:

Entre os fatos mais falados
Pelas plagas do sertão,
Temos as grandes façanhas
Dos cabras de Lampião
Mostrando quadras da vida,
Do famoso capitão.

> *Em diversas reportagens*
> *De revistas e jornais*
> *Com testemunhas idôneas*
> *Contando fatos reais,*
> *Coligimos neste livro*
> *Lances sensacionais.*
> *[...]*
> *São casos que ainda hoje*
> *Não temos quem os conteste,*
> *Porque ficaram gravados*
> *Nas entranhas do Nordeste*
> *Com sangue, com ferro e fogo,*
> *Como a maldição da peste.*

Antônio Teodoro dos Santos, em *Lampião, o Rei do Cangaço*, de 1957, mistura o real e o lendário, o homem e o mito. Publicações mais recentes, como *Lampião e seu escudo invisível*, de Costa Senna, e *Lampião: herói ou bandido?*, de João Firmino Cabral, comprovam que o tema ainda acrescentará muitas páginas à literatura popular em verso, sempre receptiva aos romances trágicos e heroicos.

No reino da picardia

Muita gente estranhou quando, num artigo publicado na revista *Discutindo literatura*, em 2008, apresentei a seguinte informação: "Mário de Andrade se inspirou no cordel satírico de Leandro, *A vida de Cancão de Fogo e o seu testamento*, na estruturação do personagem compósito *Macunaíma*, que batiza uma das obras basilares da literatura brasileira". O problema reside nos muros erguidos para separar a literatura "culta" da popular, como se ambas não representassem apenas os dois lados de uma mesma moeda. O depoimento do criador de *Pauliceia desvairada* não deixa margem à dúvida:

> *Um Leandro, um Athayde nordestinos, compram no primeiro sebo uma gramática, uma geografia, ou um jornal do dia, compõem com isso um jornal de sabença, ou um romance trágico de amor, vivido no Recife. Isso é o* Macunaíma *e esses sou eu.*[31]

Cancão de Fogo, a maior criação de Leandro, é mais que um anti-herói. Trata-se de um personagem amoral, com uma filosofia de vida bastante peculiar, invencível até mesmo na hora

---

[31] *Carta a Raimundo Morais*, publicada no *Diário Nacional* de São Paulo, em 20 de novembro de 1931. Citada por Silvano Peloso, *op. cit.*, p. 190.

da morte, quando logra seus desafetos: um juiz, um escrivão e um padre. Este último, representando o poder religioso, a pretexto de livrar o endiabrado Cancão do Inferno, o exorta ao arrependimento. O padre, na verdade, esperava, com a visita, a inclusão de seu nome no testamento. Ouviu o que não queria:

> *Disse-lhe o Cancão de Fogo:*
> *– Frade, espero que me dê*
> *Explicação do Inferno*
> *Lhe peço como mercê:*
> *No Inferno inda haverá*
> *Um diabo como você?*

Além de Cancão, Leandro deu vida a outro espertalhão, João Leso, que não obteve o mesmo sucesso.

Já Manoel D'Almeida Filho apresenta um personagem que, em comum com Cancão e outros *amarelinhos*, tem apenas a esperteza e certa crueldade no trato com os inimigos. Trata-se de *Vicente, o rei dos ladrões*, um dos campeões de vendagem do autor e um clássico definitivo do gênero picaresco. A história, em sua última parte, que envolve o saque ao tesouro do rei, consta de um conto popular egípcio de cerca de 3.000 anos, *O tesouro de Ramsés,*[32] que chegou ao poeta por meio de uma versão oral habilmente costurada na bem urdida trama do romance. Como boa parte dos espertalhões, Vicente é apresentado, nas primeiras edições impressas, como "professor de Cancão de Fogo", conforme salientado no subtítulo, sensatamente suprimido nas sucessivas edições publicadas pela editora Prelúdio desde 1955.

---

[32] Veja-se JAMES, T. G. H. *Mitos e lendas do Antigo Egito*. São Paulo: Edições Melhoramentos, Editora da Universidade de São Paulo, 1976.

Breve História da Literatura de Cordel

Todo o mundo traz o dom,
Conforme diz o rifão:
Existe quem traga até
O dom para ser ladrão –
Sendo pra roubar cavalo,
Traz um cabresto na mão

Neste drama, eu apresento
Vicente, o Rei dos Ladrões,
Que, em todos caloteiros,
Ele passava lições –
Até em Cancão de Fogo,
Segundo as opiniões.

Tal artifício servia para chamar a atenção dos fregueses já familiarizados com o consagrado personagem de Leandro. Paulo Nunes Batista, ao apresentar o protagonista do livreto *Zé Bico Doce, o rei da malandragem*, seguiu na mesma pisada:

Leitores, eu vou contar
A vida de Bico Doce,
O sujeito mais sabido
Que nesse mundo encontrou-se.
O próprio Cancão de Fogo
Com ele um dia embrulhou-se.

Em 1932, deu-se a publicação de *Palhaçadas de João Grilo*, de João Ferreira de Lima, na tipografia de Athayde, no Recife. Foi neste folheto de gracejo que Ariano Suassuna encontrou o personagem-símbolo de sua dramaturgia. O protagonista era o célebre *amarelinho* oriundo de contos populares portugueses, como a *História de João Grilo*, recolhida por Consiglieri Pedroso. No processo de aculturação, João tornou-se nordestino e ganhou características idênticas às de outro famoso espertalhão

Marco Haurélio

de origem ibérica, Pedro Malazarte. As primeiras estrofes do cordel, rebatizado como *Proezas de João Grilo* em 1948, que descrevem o nascimento do burlão, apontam para o sobrenatural, justificando a sua prodigiosa inteligência:

> *João Grilo foi um cristão*
> *Que nasceu antes do dia,*
> *Criou-se sem formosura*
> *Mas tinha sabedoria,*
> *E morreu depois da hora*
> *Pelas artes que fazia.*
> [...]
> *Na noite que João nasceu,*
> *Houve um eclipse na lua,*
> *E detonou um vulcão,*
> *Que ainda continua.*
> *Naquela noite correu*
> *Um lobisomem na rua.*

O *Auto da Compadecida* se baseia em três folhetos distintos, dois deles da lavra de Leandro. O primeiro é *O cavalo que defecava dinheiro*, que mostra como um finório consegue lograr um duque invejoso, convencendo-o de que um cavalo é realmente capaz de obrar (sem trocadilho) o prodígio do título. Obviamente, quem assistiu à peça ou a uma de suas versões para o cinema, sabe que o cavalo foi transmutado num gato, por motivos mais que compreensíveis. O outro poema de Leandro reaproveitado por Suassuna é *O dinheiro* (*O testamento do cachorro*), no qual aparecem as figuras do padre e do bispo que cometem o vergonhoso pecado da simonia.[33] A origem dos

---

[33] A venda de favores eclesiásticos, por alusão a Simão Mágico, que tentou comprar de São Pedro o dom de operar milagres (*Atos dos Apóstolos*, cap. 8, 9-24).

Breve História da Literatura de Cordel   73

motivos que compõem a história é mais difícil de rastrear, como dá a entender o próprio Suassuna:

> *A história do testamento do cachorro, que aparece no* Auto da Compadecida, *é um conto popular de origem moura e passado, com os árabes, do Norte da África para a Península Ibérica, de onde emigrou para o Nordeste. Quando escrevi a peça, ignorava esse fato, que, aliás, é comum na literatura popular e na erudita que dela se origina, e que nada significa contra o caráter perfeitamente nordestino e brasileiro da versão de Leandro Gomes de Barros na qual me baseei: quem diz brasileiro e nordestino diz ibérico, mouro, negro, vermelho, judeu e mais uma porção de coisas que seria longo enumerar.*[34]

A origem moura e a difusão através da Península Ibérica, de que falava o já saudoso Ariano Suassuna, devem ser vistas com cautela. O conto *O testamento do cachorro* existe em muitos países, nomeadamente da Europa, por isso é pouco provável que tenha chegado à Península Ibérica com os árabes. Ele está inclusive documentado já num *fabliau* francês do século XIII. E, embora haja versões por toda a Europa, não parece ter sido registrado em Portugal. No Catálogo Internacional do Conto Popular, o Sistema ATU (sigla que homenageia os formuladores do catálogo, Anti Aarne, Stith Thompson e Hans-Jörg Uther), a história aparece sob o número 1842 (*The testament of the dog*).

Além destes dois poemas de caráter marcadamente cômico, o *Auto* propriamente dito – a última parte – tem por base o folheto *O castigo da soberba*, de autoria desconhecida. A história traz os matizes do imaginário medieval que impregna a obra de Gil Vicente, outra evidente fonte de Suassuna. Maria (Nossa Senhora)

---

[34] *A Compadecida e o romanceiro nordestino*. In: *Literatura popular em versos:* estudos, p. 185.

Algumas "aparições" do grande pícaro João Grilo na Literatura de Cordel.

é a advogada, Jesus o Juiz e o Diabo o acusador. É a Nossa Senhora – a "advogada nossa" da oração *Salve Rainha* – que a alma recorre, em vista da iminente condenação. Invocada em nome de seu bendito filho, ela responde à súplica da alma. Depois de ouvir acusação e defesa, Jesus – no folheto também chamado *Manuel* – decide pela salvação da alma.[35] O Diabo (Cão), vencido, chama os seus comandados. Com a última fala

---

[35] Os motivos universalmente difundidos do tribunal celeste, da pesagem e julgamento da alma, são encontrados na religião do Antigo Egito. Segundo esta crença, no tribunal dos deuses, Osíris era o juiz e seu irmão Set, o acusador. Outros folhetos de Cordel apresentam, em seu enredo, estes motivos. Os mais conhecidos são: *A chegada de Lampião no Céu*, de Rodolfo Coelho Cavalcante, *História de João da Cruz*, de Leandro, e *O pecador obstinado aos pés da Compadecida*, de Klévisson Viana.

Breve História da Literatura de Cordel 75

do tinhoso, a estrofe a seguir está bem próxima do desfecho do *Auto da Compadecida*:

> *Vamos todos nós embora*
> *Que o causo não é o primeiro,*
> *E o pior é que também*
> *Não será o derradeiro...*
> *Home que a mulher domina*
> *Não pode ser justiceiro.*

Cabe, aqui, um esclarecimento: os três folhetos foram coligidos por Leonardo Mota no livro *Violeiros do Norte*. Indiretamente, este pesquisador cearense, ao reunir as três obras em seu estudo, apontou o caminho que Ariano Suassuna deveria seguir. Nas tradições populares – especialmente no Bumba meu boi, os personagens Mateus e Bastião cumprem um papel semelhante ao de João Grilo e Chicó na *Compadecida*.

João Grilo marcou presença em outros folhetos de Cordel:

- *Novas proezas de João Grilo*, de Paulo Nunes Batista;
- *As perguntas do rei e as respostas de João Grilo*, de Antônio Pauferro da Silva;
- *A morte, o enterro e o testamento de João Grilo*, de Eneias Tavares dos Santos;
- *O professor Sabe-Tudo e as respostas de João Grilo*, de Klévisson Viana e Doizinho Quental;
- *As artimanhas de João* Grilo, de Arievaldo Viana;
- *Traquinagens de João Grilo*, de Marco Haurélio;
- *João Grilo, um presepeiro no palácio*, de Pedro Monteiro;
- *João Grilo, o amarelo que enganou a morte*, de Zeca Pereira;
- *Presepadas de Chicó e astúcias de João Grilo*, de Marco Haurélio. Neste cordel, reaparece Chicó, o companheiro

Marco Haurélio

do Grilo, espécie de Barão de Münchausen[36] nordestino, contador de lorotas, farofeiro incurável, tal qual no *Auto da Compadecida*:

No sertão do Ceará
Vi três matutos correndo
Atrás de uma tartaruga –
Parece que inda estou vendo –
Mas vou descrever os três
Pra você ficar sabendo.

Cada um deles levava
Consigo uma carrapeta.
Mas o primeiro era mudo,
O segundo era perneta;
Já o terceiro era cego,
O quarto surdo e maneta.

E foi o cego quem viu
A tartaruga matreira.
O mudo falou pra ele:
– Acabou-se a brincadeira!
Depois gritou o perneta,
Que se danou na carreira.

Mas quem pegou a bichinha
Foi o sujeito cotó,
Vendeu-a para um mendigo,
Ficou mais rico que Jó.
É a mais pura verdade,
Quem lhe garante é Chicó.

---

[36] Referência ao militar alemão Karl Friedrich Hieronymus von Münchausen (1720-97), o famoso Barão de Münchausen, tido como o maior mentiroso de todos os tempos.

Breve História da Literatura de Cordel   77

Camões e Bocage, personagens de um sem número de anedotas e contos faceciosos, também estão entre os anti-heróis do Cordel. Os títulos mais conhecidos, envolvendo os poetas portugueses refundidos aos *amarelinhos*, são:

- *Astúcias de Camões* e *O grande debate de Camões com um sábio*, atribuídos a Arlindo Pinto de Souza, mas, na verdade, escritos por Manoel D'Almeida Filho.
- *O grande encontro de Camões com Salomão*, de Rouxinol do Rinaré e Serra Azul;
- *Camões e o vigário*, de Izaías Gomes de Assis;
- *As perguntas do rei e as respostas de Camões*, de Severino Gonçalves de Oliveira, o Cirilo, que assim apresenta a origem do famoso bardo:

> *Leitor, se você ouvir*
> *Esta pequena proposta*
> *Da descrição de Camões*
> *Acha interessante e gosta*
> *Constatando o que ele fez*
> *Sorri de cair de costa.*
>
> *Camões foi um enjeitado*
> *Ninguém sabe onde nasceu*
> *Dizem que foi encontrado*
> *Na porta de um fariseu*
> *Num dia santificado*
> *Do santo Bartolomeu.*[37]

---

[37] V. nota 24. No presente caso, o nascimento do burlão se liga à crença de que o Diabo está solto.

Marco Haurélio

- *Piadas do Bocage*, de Antônio Teodoro dos Santos. Neste cordel, a partir da segunda estrofe, aparecem as características físicas e os dotes poéticos do grande sátiro português. Aqui, perceptivelmente, há uma mescla do personagem real com o folclórico:

> *Bocage foi um poeta*
> *Filho dum grande país;*
> *Era elegante, formoso,*
> *Segundo a história diz:*
> *Moreno de olhos azuis*
> *E um palmo de nariz!*

> *Não houve na poesia*
> *Quem tivesse mais repente;*
> *Perguntas de improviso*
> *Não lhe davam dor de dente*
> *Porque ele as respondia*
> *Da forma mais coerente.*

- *A disputa de Bocage com um padre*, de Manoel D'Almeida Filho, segue a linha de outras histórias similares, de matiz anticlerical.

Manoel Camilo dos Santos deu sua contribuição ao tema com o engraçadíssimo *O sabido sem estudo*, no qual consta o motivo da cura "milagrosa" num hospital em que os doentes se recusavam a ir para casa. Recebendo a incumbência do rei para tratá-los, o sabido se vale de um estratagema: dá a entender que alguns pacientes seriam mortos no dia seguinte, caso ainda estivessem no hospital. O caldo dos defuntos seria oferecido aos sobreviventes. Esta passagem, informa-nos o Prof. Luyten,

Breve História da Literatura de Cordel 79

encontra-se num conto popular conhecido na região de Flandres, hoje Bélgica, protagonizado por Thijl Uilenspiegel, espécie de Malazarte daquele país. O hospital estava apinhado de vagabundos e aproveitadores. O rei ofereceu gorda recompensa a Thijl, que, disfarçado de médico, "ia enumerando as operações e tratamentos que pretendia oferecer aos doentes no dia seguinte. O falso médico foi tão convincente e os tratamentos tão arrepiantes, que, na próxima madrugada, boa parte dos pacientes havia fugido".[38] A descrição da cena por Camilo é ainda mais engraçada:

> *E assim foram saindo*
> *Cada qual para o seu lado*
> *Quando chegava na porta*
> *Dizia: vôte danado!*
> *O Diabo é quem fica aqui*
> *Pra amanhã ser cozinhado.*
>
> *Um moço disse que ouviu*
> *Um mudo e surdo dizer*
> *Que um cego tinha visto*
> *Um aleijado correr*
> *Sozinho de madrugada*
> *Já com medo de morrer.*

A literatura picaresca universal está cheia destes malandros. Exemplo célebre é o *Lazarillo de Tormes* da novela homônima, publicada na Espanha, em 1554, e narrada em primeira pessoa, fonte de inspiração para o *Dom Quixote*. De caráter marcadamente cínico, por denunciar a hipocrisia do Clero, a obra acabou sendo proibida pela Inquisição. *O mercador de Veneza*, escrito entre

---

[38] *O que é literatura popular?*, p. 28.

80 Marco Haurélio

1596 e 1598, por Shakespeare, reaproveitou o motivo da libra de carne (retirada do oponente derrotado numa aposta), que, no Brasil, está ligado ao ciclo de Pedro Malazarte.

O Cordel no Sudeste

A Tipografia Souza, dirigida pelo imigrante português José Pinto de Souza (1881-1950), surgiu em 1912. José Pinto veio para o Brasil em 1895, estabelecendo-se como tipógrafo na capital paulista. A princípio, a tipografia publicava modinhas e folhas soltas. Depois, foram editadas histórias tradicionais portuguesas em prosa e verso. Desde a década de 1930, tais histórias foram retrabalhadas por poetas brasileiros, em geral nordestinos. Desta tipografia surgiu, em 1952, a editora Prelúdio, dirigida pelo filho de José, Arlindo Pinto de Souza e seu meio-irmão, Armando Augusto Lopes.

Ainda em 1952, a editora publicaria seu primeiro cordel no formato que a consagrou, com capa em policromia e tamanho maior que o nordestino (13,5 x 18 cm). Era um romance chamado *O amor que venceu*, de Antônio Soares de Maria, que pouco acrescentou à literatura popular em termos de qualidade poética, mas foi um marco por sua edição pioneira. No mesmo período, o poeta baiano Antônio Teodoro dos Santos apresenta alguns originais à editora. Teodoro escrevia sobre tudo, para todos. Seu cordel *Vida e tragédia do presidente Getúlio Vargas*, de 1954, escrito após o suicídio de Getúlio, vendeu, na primeira edição, impressionantes 260 mil exemplares. Começa o período áureo da Literatura de Cordel publicada no Sudeste. Na obra de Teodoro, vasta e de boa qualidade, destacam-se *João Soldado, o valente praça que meteu o Diabo num saco* e *Lampião, o rei do cangaço*, clássicos incontestes.

Amaro Quaresma, alagoano, grande amigo do lendário José Pacheco, vendedor de frutos do mar no litoral paulista, se inclui no rol dos migrantes que trouxeram na matula a poesia popular.

Antônio Teodoro dos Santos, o Poeta Garimpeiro, teve papel fundamental na consolidação da Literatura de Cordel em São Paulo.

Dotado de memória privilegiada, ajudou o editor Arlindo a reconstituir algumas estrofes de cordéis de autores do Nordeste reeditados em São Paulo. Foi covardemente assassinado em meados dos anos 1990, por um assaltante, enquanto exercia seu ofício de pescador e folheteiro.

Para expandir a linha editorial abraçada pela Prelúdio, Arlindo se valeu de um artifício: publicou, na década de 1950, sem autorização, títulos de grandes autores nordestinos. Manoel D'Almeida Filho e Rodolfo Coelho Cavalcante estavam entre as vítimas da "apropriação indébita". Bateram às portas da editora e ouviram

Breve História da Literatura de Cordel 83

Foto raríssima reunindo grandes valores do Cordel: Manoel Pereira Sobrinho (primeiro, à esquerda), Manoel D'Almeida Filho (segundo), Minelvino Francisco Silva (direita), Rodolfo Coelho Cavalcante (quarto), José Martins dos Santos (quinto) e Antônio Teodoro dos Santos (sexto). O encontro provavelmente ocorreu no fim da década de 1950.

de Arlindo uma desculpa que acabou sendo convincente: as obras foram publicadas para forçar um contato com os autores residentes no Nordeste. Deu certo. Os poetas tornaram-se amigos e revendedores do esperto editor. Almeida, tempos depois, se tornaria o selecionador de textos da editora, e, por ela, publicou um dos maiores romances em versos da Literatura de Cordel brasileira, *O direito de nascer*, com 719 sextilhas.

Marco Haurélio

A Prelúdio passou a contar com outros colaboradores, a exemplo do polêmico poeta e editor paraibano Manoel Pereira Sobrinho, a quem foi dada a incumbência – possivelmente por Arlindo – de reescrever os grandes clássicos do Cordel, cujos direitos pertenciam a editores nordestinos. Assim, reapareceram versões de obras de Leandro (*Juvenal e o dragão, O cachorro dos mortos, Peleja de Manoel Riachão com o Diabo*), Zé Duda (*Bernardo e D. Genevra, Os martírios de Genoveva*), João Melchíades (*O valente sertanejo Zé Garcia*) e até mesmo José Camelo de Melo Resende (*Coco Verde e Melancia*). A favor do poeta, é bom ressaltar que ele não se valeu de pseudônimo ou de qualquer outro recurso para esconder o que muitos estudiosos e colegas de ofício classificaram como *plágio*. Convém frisar que Manoel Pereira era um poeta de nomeada no Nordeste, onde já havia publicado, na Tipografia Luzeiro do Norte, romances de excepcional qualidade, como *Rosinha e Sebastião, Helena, a virgem dos sonhos* e *Dimas e Madalena*. Curiosamente, muito tempo depois, estas obras seriam reeditadas pela Luzeiro, quando esta adquiriu os direitos de publicação da Luzeiro do Norte.

A partir da década de 1960, a crise bateu forte às portas das editoras. Manoel Camilo dos Santos viu-se obrigado a encerrar as atividades de sua tipografia, a Estrela da Poesia, e, humilhado, trocou Campina Grande pelo Rio Grande do Norte. João José da Silva, que se tornara um próspero editor à frente da tipografia Luzeiro do Norte, no Recife, também sucumbiu à crise e negociou os títulos de sua propriedade com a Prelúdio, em 1973. E mesmo esta, após decretar falência, adotou o nome da firma pernambucana e fez dele o símbolo de seu renascimento. Sobrevivendo à crise, a Luzeiro paulista seguiu imprimindo os clássicos do gênero sob a orientação abalizada de Manoel D'Almeida Filho. Entre 1980 e 1986, a editora, com mais de seiscentos revendedores espalhados por todo o Brasil, viveu um ótimo momento.

O fracasso do Plano Cruzado, a partir de 1987, seguido da grave crise econômica que prostrou o país, durante o governo Sarney e o de seu sucessor Fernando Collor de Mello, atingiu em cheio a casa paulistana. Muitos revendedores e agentes abandonaram o ramo. O Cordel, aos poucos, desaparecia das feiras. Em 1995, Arlindo Pinto de Souza, desiludido com os efeitos da crise e o desinteresse dos filhos em dar continuidade à tradição familiar, vende a editora à firma dos Irmãos Nicoló, e a Luzeiro passa por um período de dificuldades. No mesmo período morre, vítima de enfisema pulmonar, Manoel D'Almeida Filho, amargurado ante o futuro incerto da editora e da própria Literatura de Cordel. Numa carta emocionada, endereçada ao "compadre" Arlindo, o velho poeta não esconde a decepção e pressagia o próprio fim, que não tardaria a chegar.

Manoel D'Almeida Filho e Rodolfo Coelho Cavalcante: o primeiro se insere entre os grandes poetas populares do Brasil. O segundo foi, indubitavelmente, o maior defensor de sua classe, e o grande responsável pelo primeiro congresso nacional de poetas populares, realizado em Salvador, em 1955.

Hoje, Gregório Nicoló é o único proprietário, e a Luzeiro, buscando superar os problemas, renova as suas publicações, mantendo os títulos tradicionais, ainda com boa aceitação popular. Cordéis do acervo da velha Prelúdio, há muito fora de catálogo, retornaram às prateleiras e novos poetas foram incorporados ao elenco da editora. Nomes como Arievaldo Viana, Varneci Nascimento, Marco Haurélio, Rouxinol do Rinaré, Cacá Lopes, Evaristo Geraldo, Rafael Neto e Moreira de Acopiara, ao lado dos veteranos João Firmino Cabral, Antônio Alves da Silva, José Barbosa e Mestre Azulão trouxeram novo alento ao Cordel editado em São Paulo.

Cordel na Pauliceia

Desde fins da década de 1970 até boa parte dos anos 1980, o pernambucano Jotabarros (João Antônio de Barros) e o baiano Franklin Maxado disputavam fregueses na Feira de Artes da Praça da República. Na Praça da Sé, o violeiro pernambucano João Cabeleira revendia os folhetos da Luzeiro, que ainda estavam expostos em várias bancas de revistas do Brás, bairro onde a editora estava estabelecida, à rua Almirante Barroso. Outro grande divulgador foi o engajado poeta e ator paraibano Rafael de Carvalho, cuja morte precoce, em 1981, impediu a continuidade de um trabalho de cunho reivindicatório de suma importância, hoje quase esquecido.

Antônio Amaury Corrêa, estudioso do cangaço, e em especial de Lampião, também contribuiu para ampliar a bibliografia em versos do bandoleiro com o folheto *Lampião: origens de família e primórdios guerreiros do famoso cangaceiro*. Conta com belíssimas xilogravuras de Jerônimo Soares, e é hoje uma raridade. Severino José (Zacarias José), poeta popular e colecio-

Breve História da Literatura de Cordel

nador de folhetos, teve atuação marcante junto ao movimento sindical. O cordel *Acidentes de trabalho no ramo da construção* abriu espaço para outros folhetos "de encomenda", que usam a fácil comunicação da poesia popular para alertar a respeito da prevenção de acidentes, doenças e até mesmo promover a conscientização política. A Biblioteca de Cordel da editora Hedra de São Paulo reuniu sua obra, incluindo uma versão poética da *Divina comédia*, num volume organizado e apresentado

João Gomes de Sá recita para a pesquisadora francesa Solenne Deringon durante a Mostra Encontro com o Cordel (Sesc 24 de Maio).
Foto: Thiago Lima.

Marco Haurélio

pelo poeta e ator paulistano Luiz de Assis Monteiro. Toni de Lima (Sizenando Cerqueira de Lima), alagoano de Fernão Velho, legítimo poeta-repórter, colaborou ativamente com os jornais paulistanos *A Gazeta Esportiva* e *Notícias Populares*. Publicou, pela Prelúdio, nos anos de 1960, *Desafio de Hebe Camargo e Dercy Gonçalves*, *Desafio de Ronald Golias e Chico Anísio* e *Desafio de Sílvio Santos e Chacrinha*, enfocando o antagonismo entre celebridades da TV.

O mineiro Téo Azevedo (Teófilo de Azevedo Filho), repentista, cantor e compositor, gravado por grandes nomes da MPB, como Luiz Gonzaga e Zé Ramalho, esporadicamente dedica-se à Literatura de Cordel. Escreveu, em parceria com Klévisson Viana, *A peleja de São Paulo com o monstro da violência*, um folheto que toca no "calcanhar de Aquiles" da metrópole: a segurança pública.

Na atualidade, o Cordel é representado, em São Paulo, por poetas oriundos de vários estados da "nação nordestina". Costa Senna, cearense de Fortaleza, é um dos pioneiros na utilização de temas ligados à educação na Literatura de Cordel. Autor de *Raul Seixas entre Deus e o Diabo, Os atropelos do Português*, entre outros, teve parte de sua produção reunida na coletânea *Caminhos diversos: sob os signos do Cordel* (Global, 2008). Seu conterrâneo Manoel Moreira Jr. – que assina "Moreira de Acopiara", em homenagem à cidade onde nasceu –, além de poeta popular, é conferencista, com vários folhetos editados, incluindo *Boi velho* e *Tropeiros do Cariri*, inspirados em contos do gaúcho João Simões Lopes Neto. O piauiense de Campo Maior, Pedro Monteiro, autor de *Chicó, o menino das cem mentiras, João Grilo, um presepeiro no palácio* e *A lenda do Cabeça de Cuia*, é uma revelação tardia mas alvissareira.

Breve História da Literatura de Cordel 89

Com atuação marcante, especialmente por sua formação em Letras, o poeta, professor, xilógrafo e teatrólogo alagoano João Gomes de Sá tem contribuído muito para a utilização do Cordel como paradidático. É autor de *A luta de um cavaleiro contra o bruxo feiticeiro* e *A briga de Zé Valente com a Leide Catapora*. Seu romance *O corcunda de Notre-Dame*, inspirado na obra de Victor Hugo, que integra a coleção *Clássicos em Cordel* da editora Nova Alexandria, foi selecionado para o Programa Nacional Biblioteca da Escola (PNBE) no ano de 2009. O mineiro de Santana do Deserto, José Santos, é autor de cordéis infantis e juvenis, como *O bode e a onça*, *Matintapereira*, além de uma versão da peça *Muito barulho por nada*, de William Shakespeare.

Varneci Nascimento, baiano de Banzaê, presta assessoria editorial à Luzeiro, por onde publicou, entre outros, *O massacre de Canudos* e *Um corno para cada dia do mês*. Em Ribeirão Pires, vive e trabalha o maranhense Assis Coimbra, organizador de uma mostra de cultura popular. Atuam ainda em São Paulo o paraibano Carlos Alberto, pastor progressista, de grande visão social, o radialista Luiz Wilson, o aboiador Zé de Zilda, o músico e contador de causos Eufra Modesto e a escritora indígena, natural de Poranga (CE), Francisca Aurilene Gomes (Auritha Tabajara), autora do cordel autobiográfico *Coração na aldeia, pés no mundo*. Aldy Carvalho, pernambucano de Petrolina, cantor e compositor de versos telúricos e voz cristalina, o piauiense Jorge Mello, parceiro de Belchior, e o violeiro cearense Jackson Ricarte trazem como base de seu trabalho musical a poesia popular.

Cordel no Grande Rio

A presença do Cordel no Rio de Janeiro, com o estabelecimento de uma atividade editorial, deve muito à existência da "feira dos paraíbas", no bairro de São Cristóvão, em atividade desde 1945. Deve especialmente à tenacidade de José João dos Santos, o Mestre Azulão, poeta repentista e de bancada, autor de romances e pelejas, nascido em Sapé (PB), no distante ano de 1932. Escreveu clássicos como *O trem da madrugada*, *Renato e Mariana* e *O homem do arroz e o poder de Jesus*. Já se apresentou na Europa, no Canadá e nos Estados Unidos. Mesmo tendo chegado muito jovem ao Rio, o genial poeta nunca perdeu suas raízes paraibanas até sua pranteada morte, ocorrida em abril de 2016.

A Cidade Maravilhosa atraiu outros poetas paraibanos, entre eles Apolônio Alves dos Santos, autor de *A moça que casou 14 vezes e continuou donzela*, e Natanael de Lima, autor de *O romance de João sem Direção*. Poeta-folheteiro, o pernambucano Expedito Ferreira da Silva, pai do xilógrafo Erivaldo, publicou, pela Luzeiro, *O filho de Juvenal e a serpente de fogo*. Outra presença marcante foi Cícero Vieira da Silva, estabelecido em Duque de Caxias. Mocó, como era conhecido, foi um grande romancista. Dois títulos de sua lavra ainda são muito procurados pelo público: *Os Olhos de dois amantes por cima da sepultura* e *A filha de um pirata*. Apolônio e Natanael retornaram ao Nordeste, onde vieram a falecer. Mocó, depois de muito tempo doente em decorrência de um derrame, morreu em fevereiro de 2008, aos 76 anos.

Ainda no Rio de Janeiro, Gonçalo Ferreira da Silva, cearense de Ipu, poeta, contista e cronista, fundou, em 1988, a Academia Brasileira de Literatura de Cordel, ABLC, que acabou se fundindo com a Casa de Cultura São Saruê, sediada no bairro Santa Tereza, criada pelo General

Breve História da Literatura de Cordel

Umberto Peregrino, e incorporou ao seu acervo folhetos hoje à disposição de estudiosos e entusiastas do Cordel. Gonçalo preside a ABLC desde a fundação da entidade.

O combativo poeta popular paraibano Raimundo Santa Helena, nascido em 1926 e batizado Raimundo Luiz do Nascimento, começou a publicar seus folhetos relativamente tarde – em 1978. Contudo, seu espírito levou-o a empreender verdadeiras cruzadas em defesa da Literatura de Cordel. Ousou, inclusive, questionar o Dicionário Escolar da Língua Portuguesa, do MEC, que, num verbete específico, definia Cordel como "literatura de pouca ou nenhuma qualidade". Esta visão depreciativa vem desde os tempos em que o português Caldas Aulete fixou o termo no Dicionário Contemporâneo, de 1881. O Dicionário Escolar, portanto, apenas endossava um absurdo repetido por mais de um século. Foi esta a razão do protesto de Santa Helena, apoiado por Carlos Drummond de Andrade, que numa crônica publicada no *Jornal do Brasil*, a 21.08.1982, recomendou: "A expressão 'de cordel' não é mais pejorativa. Não custa ao MEC rever, em edição futura, o verbete desatualizado".[39]

Por esta e outras, inclusive por sua luta em favor das eleições diretas, em 1984, Raimundo de Santa Helena, que nos deixou em 2018, é um nome maiúsculo do Cordel em sua face urbana.

---

[39] LUYTEN, Joseph. *A notícia na Literatura de Cordel*. São Paulo: Estação Liberdade, 1992.

Renascer nordestino

Com o passar do tempo, os problemas econômicos, o êxodo rural – especialmente depois da implantação do regime militar em 1964 – e a escassez de bons poetas, após a geração que vai até a década de 1940 (Eneias Tavares dos Santos, João Firmino Cabral, Manoel Monteiro, João Lucas Evangelista, Mestre Azulão, Cícero Vieira, entre outros) precipitam o anúncio da "morte do Cordel", por jornalistas e pesquisadores. A Tipografia São Francisco, de José Bernardo da Silva, sobreviveu pouco tempo após a morte de seu fundador e, no início dos anos 1980, fechou as portas.

Nos anos de 1990, surgiu no Ceará uma nova geração de talentosos poetas populares. Klévisson Viana, fundador da Tupynanquim Editora, juntamente com seu irmão Arievaldo Viana, Rouxinol do Rinaré, Evaristo Geraldo, Serra Azul, Paiva Neves, também editor da Cordelaria Flor da Serra, Sérgio Severo, Francisco Melquíades, Sávio Pinheiro, Zé Maria de Fortaleza e outros valores daquele estado restituíram à Fortaleza a tradição que teve nos poetas editores Moisés Matias de Moura, Luís da Costa Pinheiro e Joaquim Batista de Sena, firmes baluartes em outros tempos. Na Praça do Ferreira, palco histórico da boemia e da poesia popular naquela cidade, a banca da Tupynanquim, fundada como um misto de editora de quadrinhos e agência de propaganda, reabasteceu um público saudoso e quase desesperançado de reencontrar os grandes clássicos. A banca foi deslocada para o Centro Cultural Dragão do Mar e, hoje, faz parte do roteiro cultural da capital cearense.

Breve História da Literatura de Cordel

Duas gerações da poesia popular do Nordeste: nos extremos, Bule-Bule e Mestre Azulão. No centro, os poetas e editores Marco Haurélio e Klévisson Viana (ao lado de sua esposa, a folheteira Dulce Vieira).

1. Lucas Evangelista, Rouxinol do Rinaré e Zé Maria de Fortaleza. 2. Arievaldo colhe depoimento do mestre sergipano João Firmino Cabral (2008). 3. Rouxinol e Paiva Neves, poetas-folheteiros atuantes na Bienal do Livro de Fortaleza, 2010.

Marco Haurélio

Klévisson teve seu primeiro trabalho, *A botija encantada e o preguiçoso afortunado*, revisado por seu irmão Arievaldo. Logo aprendeu a lição e passou a metrificar corretamente. Os dois irmãos escreveram cerca de 30 folhetos em parceria, em menos de dois anos. Arievaldo achou por bem se afastar das atividades editoriais, e Klévisson, com grande tino comercial, não tardou a se projetar como o maior editor de folhetos do Nordeste. Num misto de sorte e talento, o jovem editor, poeta e ilustrador conseguiu emplacar um de seus folhetos, *O romance da quenga que matou o delegado*, no programa *Brava gente*, da Rede Globo, em 2001.

Arievaldo começou a escrever por volta de 1977, quando tinha apenas dez anos. Publicou alguns folhetos em sistema muito rudimentar (mimeógrafo ou xerox) a partir de 1983. Era cliente dos folheteiros que vinham de Juazeiro do Norte e, principalmente, de Lucas Evangelista, autor do clássico *Aventuras de João Desmantelado*. Todo ano, na festa de São Francisco e no Natal, este poeta ia a Canindé (CE) revender folhetos seus e de outros autores na famosa romaria da cidade. Em 1997, ele afirmou a Arievaldo que o Cordel estava em vias de extinguir-se. Enfim, era o próprio retrato da desolação. O depoimento abaixo é de Arievaldo:

> *Saí dali disposto a fazer algo pela revitalização do Cordel. Convidei* [o poeta popular] *Pedro Paulo Paulino e resolvemos elaborar novos títulos a fim de abastecer, pelo menos, o mercado local. Fizemos uns 20 folhetos em menos de seis meses, dez dos quais foram enfeixados na primeira caixinha da coleção* Cancão de Fogo. *Outros foram aproveitados no livro* O baú da gaiatice. *A partir destes lançamentos vi novos horizontes se abrindo.*[40]

Os bons frutos não tardaram a aparecer: matérias em jornais, criação de pontos de venda em *shoppings* e aeroportos, no

---

[40] Depoimento colhido em 19/11/2008.

mercado central e em outros locais frequentados por turistas na capital cearense. Arievaldo passou a se corresponder com os poetas Antônio Américo de Medeiros; Gonçalo Ferreira (Rio de Janeiro); José Costa Leite (Condado, PE); Vicente Vitorino de Melo e Abraão Batista (Juazeiro do Norte), no intuito de renovar seu estoque por meio de permutas que ajudaram a revitalizar o mercado de folhetos no Ceará. Paralelo a isso, surgia a editora Coqueiro, no Recife, e, posteriormente, a Queima-Bucha, em Mossoró (RN). João Firmino Cabral retornou ao posto de folheteiro no Mercado das Flores em Aracaju, substituindo seu mestre Manoel D'Almeida Filho.

Presença feminina na Academia de Cordelistas do Crato: Josenir Lacerda, Nezite Alencar, Mana Cardoso, Williana Brito, Rosário Lustosa, Fátima Correia, Anilda Figueiredo e Francy Freire.

Ainda em Fortaleza, o Cecordel (Centro de Cordelistas do Nordeste), criado em 1987, sob a liderança do poeta Guaipuan Viaira, reúne nomes como Paulo de Tarso, Jotabê, Edson Neto, Lucarocas,

Gerardo Carvalho, o Pardal, Vânia Freitas e Chico Salvino. Da Academia de Cordelistas do Crato, no Ceará, fazem parte, dentre outros, Pedro Ernesto Filho, Maércio Lopes, Nezite Alencar e Edésio Batista Nunes. Josenir Lacerda, que foi eleita para um cadeira na ABLC, é um dos maiores nomes do Cordel na atualidade, e, para muitos, a mais inspirada cordelista do Brasil. Os folhetos editados pela entidade têm capas ilustradas com xilogravura e os tipos são compostos à moda antiga. Uma proposta radicalmente oposta é a da Sociedade dos Cordelistas Mauditos (*sic*), de Juazeiro do Norte, na qual a presença feminina chama a atenção, especialmente pela associação imediata que se faz entre o Cordel e a visão patriarcal, própria da sociedade nordestina. Entre os Mauditos, que conta com nomes como Francisca Pereira dos Santos, a Fanka, e Salete Maria, a proposta é romper com velhos paradigmas, especialmente os calcados no androcentrismo presente na tradição e na historiografia. Fanka, em artigo publicado em 2008, na revista *Cultura Crítica*, aponta a presença feminina no Cordel contemporâneo, citando nomes como Arlene Holanda, de Fortaleza, Hélvia Callou, professora da rede Municipal de Campina Grande, (PB), Clotilde Tavares, com marcante atuação em outras áreas, incluindo a pesquisa, Bastinha, do Crato, e Zuzu, de Salvador. A lista, felizmente, não se restringe a estes nomes. Maria Ilza Bezerra, de Teresina (PI), Daniela Almeida (PE), a jovem Julie Ane Oliveira, filha de Rouxinol do Rinaré, além de Cleusa Santo e Benedita Delazari, em São Paulo, contemplam também aquelas que, aqui, não foram citadas.

Em Salvador, o professor, cantador e poeta Antônio Barreto tem aparecido com frequência na imprensa baiana, com folhetos bem-humorados, próximos do circunstancial, e outros de temática educativa. Barreto é nome reconhecido na mesma cidade onde reinou Rodolfo Coelho Cavalcante e onde, hoje, Bule-Bule transita com desenvoltura entre o improviso ao som da viola e os

Breve História da Literatura de Cordel   97

folhetos de Cordel. Ainda na "Terra do Condor", em Brumado, na Serra Geral, José Walter Pires (que também assina ZeWalter), irmão do cantor e compositor Moraes Moreira, destaca-se como pesquisador do folclore local e das histórias e sagas sertanejas.

Luiz Alves da Silva, o Gauchinho, discípulo de João Firmino Cabral, radialista em Nossa Senhora da Glória (SE), teve alguns textos de sua autoria publicados nas editoras Tupynanquim e Luzeiro.

Em Parnamirim (RN), Izaías Gomes de Assis, professor e cordelista bissexto, criou a Chico Editora, rebatizada como IsVá, pela qual publica poemas seus e de outros autores, como Acaci e Rosa Régis. Em Mossoró, o excelente Antônio Francisco Teixeira de Melo é o principal nome no catálogo da Queima Bucha. Por esta editora, publicou, entre outros, os folhetos *Um urubu quase santo* e *O lado bom da preguiça*. Na mesma cidade, José Ribamar, cordelista e repentista que se exercita com desenvoltura em diferentes gêneros poéticos, além de muitos folhetos, têm publicados os seguintes livros: *Espelho de carne e osso*, *Chorando na chuva*, *Brinquedos do pensamento* e *Meia dúzia de cordéis*.

O grosso da produção, no entanto, se concentra em Natal, sede de movimentos como a Casa do Cordel, coordenada por Abaeté, e a Estação do Cordel, um espaço dinâmico que envolve diversas atividades culturais, algumas já calendarizadas. Nando Poeta, Tonha Mota, Cláudia Borges e seu filho Filipe Borges, além dos apologistas Carlos Alberto e Moura Galvão, são alguns nomes de mantenedores ou apoiadores do espaço que promove, no mês de novembro, o Círculo Natalense do Cordel.

Pernambuco, grande centro difusor desde os tempos de Leandro, conta com a Unicordel (União dos Cordelistas de Pernambuco), que chegou a congregar valores como José Honório, Mauro Machado, Meca Moreno, Paulo Dunga, Jorge Filó, Ismael Gaião, Felipe Junior e Susana Morais. A editora Coqueiro, de Ana

Cely Ferraz, atualiza a tradição dos *arrecifes*.[41] Pedro Américo de Farias, grande expressão da lira pernambucana, refunde em sua poética o trovador medieval com o *muezim* muçulmano, revivescidos no Nordeste/Saara.

Ressalte-se ainda a contribuição de Altair Leal, Abdias Campos, Mariane Bigio, Allan Salles e a presença de artistas que desafiam a fronteira dos gêneros poéticos, embora dialoguem com o cordel, como Alexandre Morais, Zé Adalberto do Caroço do Juá e Dedé Monteiro.

A pesquisadora pernambucana Maria Alice Amorim e os cordelistas José Costa Leite, Dodó Félix e José Honório (Recife, 2009).

Cordel na sala de aula

Em 2000, Arievaldo Viana ministrou as primeiras palestras do projeto Acorda Cordel na Sala de Aula, com o objetivo de levar os folhetos para a escola, como ferramenta auxiliar. O projeto nasceu de uma apostila que acompanhava a segunda caixa da coleção *Canção de Fogo*. Em 2002, foi editada nova leva de fo-

---
[41] Um dos muitos nomes populares do folheto, explicável pela grande quantidades de títulos editados no Recife, no tempo de João Martins de Athayde

Breve História da Literatura de Cordel 99

lhetos pela Prefeitura de Canindé. Somente em 2005, a apostila se tornaria o livro *Acorda Cordel na sala de aula*, que, além da caixa de folhetos, trazia um CD com gravações de Geraldo Amâncio, Zé Maria de Fortaleza, Mestre Azulão e do próprio Arievaldo.

Ainda em 2002 foi realizado o 1º Concurso de Literatura de Cordel, patrocinado pelo Metrô de São Paulo e pela Companhia Paulista de Trens Metropolitanos – CPTM. 10 mil caixinhas especiais, com 200 mil folhetos de 20 autores de diversos estados, foram distribuídas na rede estadual de São Paulo. Tendo como tema o metrô paulistano, o concurso foi vencido por Rouxinol do Rinaré. Já a 2ª edição do concurso, realizada no ano seguinte, com temática livre e trabalhos mais ricos em poesia e conteúdo, premiou o talento do veterano poeta baiano Antônio Alves da Silva, com o folheto *A maldição das serpentes no sítio do velho Chico*. As duas edições do concurso foram idealizadas e coordenadas pelo jornalista paraibano Assis Ângelo.

As caixas temáticas viraram moda: numa a Tupynanquim reuniu textos de Leandro Gomes de Barros, como marco comemorativo dos 140 anos de nascimento do grande poeta. Outra trouxe versões em Cordel dos contos das *Mil e uma noites*. A antologia *12 contos de Cascudo em Cordel*, publicada pela editora Queima-Bucha, em 2005, com o apoio da Fundação José Augusto, então presidida pelo poeta Crispiniano Neto, foi trabalhada nas escolas públicas do Rio Grande do Norte. A parte gráfica do trabalho ficou a cargo do pernambucano radicado em Brasília, Jô Oliveira, um dos grandes nomes da ilustração no Brasil.

Em 2016, sob coordenação de Arlene Holanda, a editora IMEPH de Fortaleza lançou, no formato "caixinha", a coleção *10 Cordéis nota 10*, homenageando cinco autores: Leandro Gomes de Barros, Antônio Francisco, Rouxinol do Rinaré, Josenir Lacerda e Marco Haurélio.

Em Guarabira (PB), o bancário aposentado, José Paulo Ribeiro, criou um circuito de divulgação em escolas e bibliotecas. Paralelamente, ele tem feito um trabalho de resgate da história da editoração de folhetos em seu estado, onde possuíram prelos, entre outros, Chagas Batista, Manoel Pereira Sobrinho, Manoel Camilo e José Alves Pontes. Sua peregrinação resultou em descobertas preciosas, como a da única fotografia conhecida do lendário José Camelo. Em Campina Grande, o poeta pernambucano Manoel Monteiro da Silva, ligado na juventude ao editor Manoel Camilo, reapareceu no cenário com títulos provocativos, como *A mulher de antigamente e a mulher de hoje em dia* e o belo romance *Uma tragédia de amor ou A louca dos caminhos*. Monteiro, enxergando os novos horizontes que se descortinavam para a poesia popular do Nordeste, utilizou a expressão *Novo Cordel*, para se referir a uma produção atualizada, rompendo com a temática tradicional, calcada nos contos populares.

Contudo, até mesmo poetas que Manoel Monteiro apontava como praticantes do Novo Cordel, a exemplo de Rouxinol do Rinaré, discordam de alguns de seus pressupostos. Rouxinol opina que, para entrar na sala de aula, o Cordel não precisa abrir mão de suas características. E exemplifica, citando Leandro Gomes de Barros, poeta que escreveu em todos os gêneros, abordando desde o romanceiro até a poesia satírica e o folheto de acontecido (jornalístico), sem deixar de ser um homem de seu tempo. Arievaldo Viana também acredita que o Cordel não será renovado pela temática ou por nomenclaturas modernosas, mas, sim, por poetas de qualidade, pois trata-se de um movimento literário, o único que não permite rupturas, por conta das regras rígidas que o norteiam. Para ele, o que importa é a qualidade do texto e não o tema abordado. Este dependerá

Breve História da Literatura de Cordel

única e exclusivamente do poeta, que não pode ser tolhido em seu processo criativo. O mais sensato, porém, é apresentar, nas palavras do próprio Monteiro, o que ele entendia por Novo

O pernambucano Manoel Monteiro e o alagoano Eneias Tavares dos Santos, nomes de destaque de uma premiada geração.

Cordel.[42] E ele assim o fez em carta ao autor deste livro, datada de junho de 2006:

> *O Cordel vem reflorescendo com todo ímpeto, pronto para fazer-se notar e influir novamente na formação cultural de nosso povo. Isto porque hoje Cordel é coisa de escola. Muitos professores estão utilizando o NOVO CORDEL como ferramenta auxiliar e os resultados são auspiciosos. Como é dada essa ascensão e que*

---

[42] Manoel Monteiro (1937-2014) foi, além de poeta de méritos, destacado polemista, e causou *frisson* no meio cordelístico, especialmente por seu folheto iconoclasta *Padre Cícero – político ou padre? Cangaceiro ou Santo?*, no qual buscava desconstruir a imagem cristalizada do grande taumaturgo nordestino.

Marco Haurélio

NOVO CORDEL é este de que falo? É o seguinte: poetas antigos e poetas novos cada dia se apresentam mais bem informados e disto advém um texto atual na língua e na forma. Lógico, como a língua, ferramenta de quem escreve, é dinâmica, porque é viva, o Cordel de hoje, moderno e atual, conta, ou reconta, histórias com as palavras que andam na boca do povo.

Discussões à parte, o trabalho de Monteiro e de outros autores renderam belos frutos: as obras *História da donzela Teodora*, *O cachorro dos mortos*, de Leandro Gomes de Barros, e *O pavão misterioso*, de José Camelo de Melo Resende, foram indicadas para o vestibular da Universidade Estadual da Paraíba, em 2006 e 2007.

Da capa cega à policromia

A ilustração não nasceu com o Cordel. No início, eram usadas as chamadas "capas cegas", sem qualquer imagem nas capas dos folhetos. Em alguns casos, vinhetas e arabescos, emolduravam o nome do autor ou o título da obra. A xilogravura é um fenômeno relativamente recente, apesar de ter sido usada em 1907 como ilustração de um folheto de Francisco das Chagas Batista enfocando Antônio Silvino, o cangaceiro pernambucano. Fato raro. Os desenhos e os clichês de cartões postais e com fotos de artistas de Hollywood eram os preferidos dos editores João Martins de Athayde e, depois dele, João José da Silva. Edilene Matos descreve, com precisão, esta prática:

> *A influência do cinema – que determinou a adoção e até o culto por parte do público de seus grandes ídolos – fez-se sentir de modo acentuado na reprodução de fotografias dos astros e estrelas de Hollywood das décadas de 1930, 1940 e 1950 nas capas dos folhetos populares, vendidos nos mercados e feiras do país. Não raro, Gregory Peck se transformava em um valente homem do sertão! E a Rita Hayworth tornava-se a mulher fatal, a mocinha casadoira ou até a ingênua roceira ou filha de um coronel.*[43]

---

[3] MATOS, Edilene. *Cuíca de Santo Amaro*. Rio de Janeiro, Manati, 2004, p. 64.

Literatura multifacetada nos temas e nas capas. 1 – Capa cega de folheto de autoria de Chagas Batista (sem data); 2 – Imagem em zincogravura extraída de um cartão postal; 3 – Desenho de Eliezer para história de Francisco Sales Arêda; 4 – Xilogravura de Minelvino Francisco Silva para capa de folheto de Rodolfo Coelho Cavalcante, enfocando o cangaço; 5 – Desenho de Salvador Magalon (Smaga) em policromia para capa de romance de Manoel D'Almeida Filho. 6 – Desenho em nanquim de Klévisson Viana para capa de folheto de João Firmino Cabral.

Os desenhos fazem sucesso desde a época de Athayde, auxiliado por sua filha, Maria Athayde, e pelo talentoso Antônio Avelino da Costa, que assinava simplesmente Avelino. Às vezes, como informa Franklin Maxado, desenhos e fotos de cartões postais eram mesclados.[44]

---

[44] *Cordel, xilogravura e ilustrações*, p. 36.

Breve História da Literatura de Cordel 105

A Guajarina de Belém do Pará, dirigida pelo pernambucano Francisco Lopes, também se valeu deste recurso e as suas edições, hoje disputadas por colecionadores, eram as mais bem cuidadas da época, com bom acabamento gráfico e editorial. O maranhense Ângelo Abreu do Nascimento, Mestre Ângelus, foi, segundo Franklin Maxado – que cita como fonte o pesquisador Vicente Salles –, por 30 anos, o principal responsável pelas ilustrações dos folhetos da lendária editora paraense, ativa até a década de 1940.[45] Cuíca de Santo Amaro,[46] com seus folhetos fesceninos e circunstanciais, escritos em versos mal-ajambrados, mas de grande aceitação popular, teve como parceiro o talentoso desenhista Sinézio Alves, que também ilustrou folhetos editados por Rodolfo Coelho Cavalcante, em Salvador.

A editora Luzeiro consolidou o modelo da capa em policromia, combatido pelos "especialistas" e consagrado pelo povo. Contudo, é preciso esclarecer que essa iniciativa já havia sido adotada pela Livraria H. Antunes, do Rio de Janeiro. Entre os capistas da editora paulista estão Salvador Magalon, o Smaga (anos 1950), Glen, Mariano, Gallep, Mateus, Queirós e Adelmo. A lista inclui, ainda, os lendários quadrinistas Nicco Rosso, Sérgio Lima e Eugenio Colonnese, todos falecidos. É oportuno esclarecer que a Prelúdio (e, posteriormente, a Luzeiro) possuía um leque variado de publicações, que ia além do Cordel. Alguns clássicos, foram recriados em quadrinhos, mas a experiência não foi bem sucedida em termos de público. Primeiro, porque foi bombardeada por alguns pesquisadores, pretensos intérpretes da vontade do povo. Depois, enfrentou problemas de distribuição,

---

[45] *Idem, ibidem.*

[46] O baiano José Gomes, o Cuíca de Santo Amaro, cognominado também *Ele o Tal*, serviu de inspiração a autores como Jorge Amado e Dias Gomes. Ele é a fonte para o Dedé Cospe-Rimas, da peça *O pagador de promessas*, de Dias Gomes, transformada em filme por Anselmo Duarte (1960).

competindo com outras publicações do gênero. *O pavão misterioso*, quadrinizado por Sérgio Lima e lançado pela Prelúdio, reapareceu em 2010, em um novo projeto gráfico desenvolvido por Klévisson Viana, numa vitoriosa parceria entre as editoras Luzeiro e Tupynanquim.

Klévisson conta, na Tupynanquim, com os préstimos de Eduardo Azevedo, seu principal colaborador. Arievaldo Viana também se revelou competente desenhista e ilustrou para a Luzeiro de São Paulo capas de cordéis de Marco Haurélio, Moreira de Acopiara e dos clássicos Francisco Sales Arêda e João Melchíades Ferreira. Os irmãos poetas, também, vez por outra, dedicam-se à xilogravura. Em São Paulo, a revelação é o artista plástico Severino Ramos, paraibano de Areia, que ilustrou, para a Luzeiro, *O conde Pierre e a princesa Magalona*, de Antônio Teodoro dos Santos, além de vários títulos da coleção Clássicos em cordel para a editora Nova Alexandria. A Luzeiro, recentemente, tem recorrido, também, ao desenhista Walfredo Brito, conterrâneo de Severino.

E a xilogravura?

A xilogravura, ao contrário do que muita gente pensa, nunca teve ampla aceitação no meio popular embora o meio acadêmico a tenha adotado como a ilustração por excelência dos folhetos de Cordel. Em favor da verdade, diga-se: a xilogravura é a ilustração mais característica dos folhetos. A essência de um bom cordel está no texto e não na capa, na vestimenta. É uma temeridade subordinar o conteúdo à ilustração, numa inversão de valores em que o acessório torna-se mais importante que o essencial.

Mesmo assim, ao longo do tempo, artistas os mais diversos consolidaram a xilogravura popular, notadamente a partir de sua

Breve História da Literatura de Cordel 107

adoção por José Bernardo da Silva na Tipografia são Francisco. Stênio Diniz, neto de José Bernardo, recriou em tacos de umburana, capas de folhetos como *Pedrinho e Julinha* e *História da donzela Teodora*, a partir de clichês de cartões postais que ilustravam as capas antigas. O pioneirismo na utilização desta técnica, em Juazeiro do Norte é atribuído a Damásio Paulo, que trabalhou com José Bernardo até 1948, quando, por problemas de ordem pessoal, teve de deixar a tipografia. Ainda assim, a zincogravura, herança de Athayde, prevaleceu sobre a xilo, com os preços defasados nas capas dos folhetos borrados para evitar reclamações dos fregueses mais atentos.

A xilogravura trouxe prestígio para artistas como José Francisco Borges (J. Borges), Minelvino Francisco Silva, Franklin Maxado, Jerônimo Soares, João Antônio de Barros (o Jotabarros), José Costa Leite, Dila e Abraão Batista. Eneias Tavares dos Santos, competente como xilógrafo e soberbo como poeta, autor de clássicos como *A carta do Satanás a Roberto Carlos* e *A briga de dois matutos por causa de um jumento*, graças à sua dupla atividade de poeta/xilógrafo, trabalhou durante muitos anos no Museu de Antropologia e Folclore Théo Brandão, em Maceió (AL).

Atualmente, Erivaldo Ferreira goza de muito conceito, por seu traço que funde, com naturalidade, o clássico e o popular. Nascido no Rio de Janeiro, sente-se à vontade entre os poetas, principalmente com o seu "segundo pai", Mestre Azulão, para quem ilustrou dezenas de folhetos. Nireuda Longobardi, potiguar radicada em São Paulo, onde cursou Artes Plásticas, ilustra tanto os tradicionais folhetos de Cordel, quanto livros infantis. Já João Gomes de Sá expõe suas gravuras separadamente (do Cordel) e as vende em feiras e palestras. O casal Valdeck de Garanhuns e Regina Drozina, com ateliê em Guararema (SP), também vende suas gravuras em eventos diversos.

A baiana Lucélia Borges (que, por vezes, assina Lu Borges) é mais uma xilogravadora que se dedica à ilustração de livros e de folhetos, além da criação de cartões postais. Já esteve nos Emirados Árabes Unidos, em 2018, onde ministrou uma oficina para crianças durante o Fórum Internacional de Narradores, ocorrido em Sharjah.

Em João Pessoa (PB), vive Marcelo Soares (irmão de Jerônimo e filho de José Soares), que desenvolveu uma técnica elaborada que torna seu traço único no meio popular. O excelente xilógrafo Francisco Correia de Lima, o Francorli, de Juazeiro do Norte, é da última fase da Tipografia São Francisco, rebatizada, por sugestão de Patativa do Assaré, como Lira Nordestina. José Lourenço é outro remanescente da mesma geração da chamada Escola Cearense – ou de Juazeiro, da qual faz parte João Pedro, que atualmente vive em Fortaleza. Em Itapajé, ainda no Ceará, Serginho, o Pinto de Ouro, coordena o Grupo Pajearte, que congrega xilógrafos, atores e cordelistas, No Crato, Maércio Lopes se consagra como promissora revelação. Seu traço, inspirado nas gravuras clássicas de Albrecht Dürer e Gustave Doré, além estar estampado em muitas capas de folhetos, pode ser visto no livro *A volta ao mundo em oitenta dias*, de Pedro Monteiro, que "traduziu" para o cordel o clássico de Júlio Verne.

Folhetos de cordel ilustrados por Marcelo Soares, José Costa Leite, João Gomes de Sá, Francorli e Erivaldo.

Influências e confluências

Os temas do Cordel são os mais variados, até porque os seus autores e autoras retratam aquilo que veem, sentem ou imaginam. Descrevendo o cotidiano ou registrando um velho conto, cuja origem se perdeu na noite dos tempos, o poeta popular foi magistralmente definido por Francisco Sales Arêda, no introito ao *Romance de João Besta e a jia da lagoa*, clássica história de encantamento.

> *O poeta é um repórter*
> *Das ocultas tradições,*
> *Revelador de segredos,*
> *Guiado por gênios bons,*
> *Pintor dos dramas poéticos*
> *Em todas composições.*

Arêda definiu o papel do poeta popular, dando a entender que ele é, também, garimpeiro do inconsciente coletivo.

O bom Cordel nada tem de simplório, como prova *Vida de Cancão de Fogo e o seu testamento*, do qual falei apressadamente no capítulo dedicado aos anti-heróis populares. É preciso, portanto, combater os estereótipos, na forma e no conteúdo. Reduzir o Cordel apenas a uma alternativa visual (a xilogravura) ou a um formato (o tradicional 11x16) é o mesmo que obrigar os

1 – José Pacheco da Rocha, criador de clássicos como *O grande debate de Lampião com São Pedro, Vicente e Josina* e *A intriga do cachorro com o gato*. 2 – Foto raríssima de José Camelo de Melo Resende, poeta de cultura vasta, autor de *O romance do pavão misterioso* e *Coco Verde e Melancia*, descoberta pelo pesquisador José Paulo Ribeiro. 3. O grande poeta Francisco Sales Arêda, cujo folheto *O homem da vaca e o poder da fortuna* foi recriado no teatro por Ariano Suassuna, em foto de Maria Alice Amorim.

cineastas de hoje a fazerem filmes mudos e em preto e branco. E, mais ainda, obrigar o público a assistir a esses filmes.

Aproveitando a deixa, já que me referi ao cinema, a sétima arte só reforça o valor da poesia popular na base da formação cultural do Brasil. Glauber Rocha, por exemplo, buscou na gesta sertaneja uma linguagem próxima ao Cordel para retratar, em imagens contundentes, o Nordeste místico e sangrento de sua filmografia. Principalmente em *Deus e o Diabo na terra do sol* (1964) e *O dragão da maldade contra o santo guerreiro* (1969), o cineasta baiano pôde apresentar sua visão incomum da arte e da vida. Inspirado nos versos populares, Glauber compôs para o primeiro filme um cordel temático, que ganhou música de Sérgio Ricardo. Os personagens do filme são baseados em figuras reais, mas com forte carga simbólica, como o Santo Sebastião, calcado em Antônio Conselheiro. Corisco, personagem de Othon Bastos, é, ao mesmo tempo, o cangaceiro lendário do bando de Lampião

Breve História da Literatura de Cordel

A influência do cinema na Literatura de Cordel, e o inverso também, atestam que a Arte desconhece barreiras.

e a personificação do bem e do mal, o ideal de justiça da "terra do sol". Glauber se serviu dos versos de *A chegada de Lampião no Inferno*, de José Pacheco, para ilustrar *O dragão da maldade contra o santo guerreiro*.

O reaproveitamento temático de produções cinematográficas pelo Cordel é, também, inquestionável. Na impossibilidade de rastrear todas as obras, podemos escolher algumas à guisa de exemplo: *O prisioneiro do castelo da Rocha Negra*, de João Martins de Athayde (inspirado em *O prisioneiro de Zenda*); *A marca do Zorro*, de Manoel D'Almeida Filho; *Joana D'Arc, heroína da França*, de Delarme Monteiro Silva; *O gavião do mar*, de Severino Borges Silva; *O manto sagrado*, de Manoel Pereira Sobrinho; *A morte comanda o cangaço*, de Joaquim Batista de Sena; *O pecado de Nina*, de Antônio Alves da Silva e, mais recentemente, *O feitiço de Áquila*, de Evaristo Geraldo.

༄

Há que destacar, ainda, o intercâmbio com poetas e prosadores de outras searas que recorreram ao Cordel como forma de expressão ou como fonte temática e de inspiração. Dentre

Marco Haurélio

eles, podemos citar Ferreira Gullar, em *João Boa-Morte, cabra marcado para morrer,* e João Cabral de Melo Neto, especialmente no auto de natal pernambucano *Morte e vida severina.* Cecília Meireles, no *Romanceiro da Inconfidência,* talvez tenha conseguido a melhor síntese, ao retomar paradigmas que os adeptos do conceito de modernidade tentaram, a todo o custo, extinguir.

Carlos Drummond de Andrade, admirador de Leandro Gomes de Barros, a quem considerava "rei da poesia do sertão e do Brasil em estado puro", também experimentou os versos ágeis do Cordel nordestino no poema *A estória de João-Joana.* O mesmo motivo – a moça que se traveste de homem – serviu a Manoel D'Almeida Filho em *O vaqueiro que virou mulher e deu à luz.* A inspiração de ambos parece ser o romance da Donzela Guerreira, motivo universalmente difundido, base para a composição de Diadorim, personagem de *Grande sertão: veredas,* de Guimarães Rosa. Orígenes Lessa imortalizou o grande Manoel Camilo dos Santos no livro infantil *Aventuras em São Saruê.* O clássico folheto utópico *Viagem a São Saruê* serviu de esteio ao autor de *O feijão e o sonho,* também estudioso da Literatura de Cordel.

Ora, se os autores *eruditos* bebem na fonte popular, o inverso também ocorre, e em escala bem maior. Já vimos o exemplo de Zé Duda, que recorreu ao *Decameron* para versar a *História de D. Genevra.* João Martins de Athayde verteu para o Cordel clássicos da literatura como *Amor de perdição,* de Camilo Castelo Branco, e *O conde de Monte Cristo,* de Alexandre Dumas, recriado como *Romance de um sentenciado.* José Camelo de Melo Resende utilizou o arcabouço dramático de *El Cid* para compor *Entre o amor e a espada.* O talentoso Joaquim Batista de Sena, autor de romances memoráveis, transformou o *Quo vadis?,* de Henryk Sienkiewiks, em *O sinal da cruz.* Rodolfo Coelho Cavalcante deu à sua versão de *Tereza Batista cansada de guerra* um enfoque moralista, diferente do romance do seu amigo

Breve História da Literatura de Cordel 113

Jorge Amado. Mais fiel ao original foi Manoel D'Almeida Filho ao adaptar *Gabriela Cravo e Canela*, que mescla o romance à telenovela estrelada por Sônia Braga em 1976.

Mais recentemente, Zé Maria de Fortaleza cordelizou *Capitães da areia*, em versão resumida. Manoel Pereira Sobrinho, na década de 1950, versou *Os irmãos corsos*, de Alexandre Dumas, e *Os miseráveis*, de Victor Hugo. Este último, em 2008, foi adaptado por Klévisson Viana, como infantojuvenil, para a coleção *Clássicos em Cordel*, da editora Nova Alexandria. Maria Ilza Bezerra, poeta e professora da Universidade Estadual do Piauí, reescreveu em sextilhas *Romeu e Julieta*, de William Shakespeare, repetindo a proeza de João Martins de Athayde. A Luzeiro ainda publicou versões de *Robinson Crusoé*, de Daniel Defoe, *Viagens de Gulliver*, de Jonathan Swift, e *Aventuras de Simbá, o Marujo*, retrabalhadas pelo pernambucano radicado em São Paulo Cícero Pedro de Assis.

∽

É com méritos, portanto, que a Literatura de Cordel alcança um novo público, sem perder de vista os leitores tradicionais. Longe do paternalismo, característico do período de crise mais aguda – meados nos anos 1980-90 – e sem depender de subvenções demagógicas, o Cordel (texto e ilustração) e seus criadores evoluíram e se organizaram. Os poetas e editores antenados não abrem mão das novas tecnologias para oferecer ao público edições bem cuidadas.

Sem esquecer a tradição, mas sem desprezar a contemporaneidade, o Cordel chega vivo e com fôlego ao século XXI.

Dados básicos de cordelistas e repentistas

Aderaldo Ferreira de Araújo – Crato (CE), 1878 – Fortaleza (CE), 1967.
Amaro Quaresma dos Santos – Alagoas, 1910 – Santos (SP), década de 1990.
Antônio Alves da Silva – Mata de São João (BA), 1928. – Feira de Santana (BA), 2013.
Antônio Amaury Corrêa de Araújo – Boa Esperança do Sul (SP), 1934.
Antônio Américo de Medeiros – São João do Sabugi (RN), 1930. – Patos (PB), 2014.
Antônio Carlos da Silva (Rouxinol do Rinaré) – Quixadá (CE), 1966.
Antônio Carlos de Oliveira Barreto – Santa Bárbara (BA), 1955.
Antônio Eugênio da Silva – Areia (PB), 1912 – Solânea (PB), 1992.
Antônio Francisco Teixeira de Melo – Mossoró (RN), 1949.
Antônio Gonçalves da Silva (Patativa do Assaré) – Assaré (CE), 1909 – idem, 2002.
Antônio Klévisson Viana – Quixeramobim (CE), 1972.
Antônio Ribeiro da Conceição (Bule-Bule) – Antônio Cardoso (BA), 1947.
Antônio Teodoro dos Santos – Jaguarari (BA), 1916 – Senhor do Bonfim (BA), 1981.
Apolônio Alves dos Santos – Guarabira (PB), 1926 – Campina Grande (PB), 1998.
Arievaldo Viana Lima – Quixeramobim (CE), 1967.
Arlene de Holanda Nunes Maia (Arlene Holanda) – Limoeiro do Norte (CE), 1960.
Arlindo Pinto de Souza – São Paulo (SP), 1927 – idem, 2003.
Cícero Pedro de Assis – Caruaru (PE), 1954.
Cícero Vieira da Silva (Mocó) – Alagoa Nova (PB), 1936 – Duque de Caxias (RJ), 2008.
Delarme Monteiro Silva – Recife (PE), 1918 – idem, 1994.

Breve História da Literatura de Cordel 115

Eneias Tavares dos Santos – Marechal Deodoro (AL), 1931.

Evaristo Geraldo da Silva – Quixadá (CE), 1968.

Firmino Teixeira do Amaral – Tutoia (MA), ou Parnaíba (PI), ou, ainda, Luís Correia (PI), 1896 – Parnaíba (PI), 1926.

Francisca Alencar (Nezite Alencar) – Campos Sales (CE), 1943.

Francisco das Chagas Batista – Teixeira (PB), 1882 – João Pessoa (PB), 1930.

Francisco Hélio da Costa (Costa Senna) – Fortaleza (CE), 1956.

Francisco Romano Caluete (Romano do Teixeira) – Teixeira (PB), 1840 – idem, 1891.

Francisco Sales Arêda – Campina Grande (PB), 1916 – Caruaru (PE), 2005.

Franklin de Cerqueira Machado (Franklin Maxado) – Feira de Santana (BA), 1943.

Geraldo Amâncio Pereira – Cedro (CE), 1946.

Gonçalo Ferreira da Silva – Ipu (CE), 1937.

Hélisson Rafael Neto (Rafael Neto) – Aracaju (SE), 1991.

João Antônio de Barros (Jotabarros) – Glória do Goitá (PE), 1935 – São Paulo (SP), 2009.

Inácio da Catingueira – Catingueira (PB), 1845 – idem, 1879 ou 1881.

João Ferreira de Lima – São José do Egito (PE), 1902 – Caruaru (PE), 1972.

João Firmino Cabral – Itabaiana (SE), 1940 – Aracaju (SE), 2013.

João Gomes de Sá – Matinha de Água Branca (AL), 1954.

João José da Silva – Vitória de Santo Antão (PE), 1922 – Recife (PE), 1997.

João Lucas Evangelista – Crateús (CE), 1937.

João Martins de Athayde – Ingá do Bacamarte (PB), 1880 – Recife (PE), 1959.

João Melchíades Ferreira da Silva – Bananeiras (PB), 1869 – João Pessoa (PB), 1933.

Joaquim Batista de Sena – Solânea (PB), 1912 – Fortaleza (CE), 1993.

José Alves Pontes – Pilar (PB), 1920; Guarabira (PB), 2009.

José Bernardo da Silva – Palmeira dos Índios (AL), 1901 – Juazeiro do Norte (CE), 1972.

José Camelo de Melo Resende – Pilõezinhos (PB), 1885 – Rio Tinto (PB), 1964.

José Faustino Vilanova – Caruaru (PE), 1911 – idem, 1969.

José Galdino da Silva Duda (Zé Duda) – Cabeceiras (PB), 1886 – Recife (PE), 1933.

José Gomes (Cuíca de Santo Amaro) – Salvador (BA), 1907 – idem, 1964.

José Honório da Silva – Recife (PE), 1963.

José João dos Santos (Mestre Azulão) – Sapé (PB), 1932 – Rio de Janeiro (RJ), 2016.

José Maria do Nascimento (Zé Maria de Fortaleza) – Aracoiaba (CE), 1945.

José Pacheco da Rocha – Correntes (PE), 1890 – Maceió (AL), 1954.

Marco Haurélio

José Pereira dos Anjos (Zeca Pereira) – São Desidério (BA), 1977.

José Santos Matos – Santana do Deserto (MG), 1959.

José Walter Pires – Ituaçu (BA), 1944.

Josenir Amorim Alves de Lacerda (Josenir Lacerda) – Crato (CE), 1953.

Laurindo Gomes Maciel – Princesa Isabel (PB), 1890 – Ibicaraí (BA), 1961.

Leandro Gomes de Barros – Pombal (PB), 1865 – Recife (PE), 1918.

Luís da Costa Pinheiro – Não foram encontrados dados sobre a data de nascimento. Massapé (CE), ou Goianinha (RN) – Fortaleza (CE), década de 1960.

Luís Gomes de Albuquerque (Lumerque) – Bananeiras (PB), 1905 – Sapé (PB), 1959.

Manoel Caboclo e Silva – Juazeiro (CE), 1916 – idem, 1996.

Manoel Camilo dos Santos – Alagoinha (PB), 1905 – Campina Grande (PB), 1992.

Manoel D'Almeida Filho – Alagoa Grande (PB), 1914 – Aracaju (SE), 1995.

Manoel Monteiro da Silva – Bezerros, (PE), 1937 – Belém (PA), 2014.

Manoel Moreira Jr. (Moreira de Acopiara) – Acopiara (CE), 1961.

Manoel Pereira Sobrinho – Patos das Espinharas (PB), 1918 – São Paulo (SP), 1995.

Minelvino Francisco Silva – Mundo Novo (BA), 1926 – Itabuna (BA), 1999.

Natanael de Lima – Fagundes (PE), 1926 – Guarabira (PB), anos 1990.

Paulo Nunes Batista – João Pessoa (PB), 1924.

Pedro Monteiro – Campo Maior (PI), 1956.

Raimundo Luiz do Nascimento (Raimundo de Santa Helena) – Santa Helena (PB), 1927 – Rio de Janeiro (RJ), 2018.

Rodolfo Coelho Cavalcante – Rio Largo (AL), 1919 – Salvador (BA), 1987.

Romano Elias da Paz – Mamanguape (PB), 1901 – Caiçara (PB), 1981.

Sátiro Xavier Brandão – Propriá (SE), 1892 – Itabuna (BA), 1922.

Sebastião Marinho da Silva – Solânea (PB), 1948.

Severino Borges Silva – Timbaúba (PE), 1919 – idem, 1991.

Severino Milanês da Silva – Bezerros (PE), 1906 – Vitória de Santo Antão (PE), 1967.

Silvino Pirauá de Lima – Patos das Espinharas (PB), 1848 ou 1860 – Bezerros (PE), 1913.

Valdeck Costa de Oliveira (Valdeck de Garanhuns) – Garanhuns (PE), 1952.

Varneci Santos do Nascimento – Banzaê (BA), 1978.

Outras leituras, outras visões

ABREU, Márcia. *Histórias de cordéis e folhetos*. Coleção Histórias de Leitura. Campinas: Mercado de Letras/Associação de Leitura do Brasil, 1999.

ALMEIDA, Átila, ALVES SOBRINHO, José. *Dicionário biobiliográfico de repentistas e poetas de bancada*. João Pessoa: Editora universitária, 1978.

AMORIM, Maria Alice, SARAIVA, Arnaldo. *Teia de cordéis*. Recife: Fundação de Cultura Cidade do Recife, 2013.

ÂNGELO, Assis. *Presença dos cordelistas e cantadores repentistas em São Paulo*. São Paulo: IBRASA, 1996.

ALVES SOBRINHO, José. *Cantadores, repentistas e poetas populares*. Campina Grande, PB: Bagagem, 2003.

BATISTA, Sebastião Nunes. *Antologia da Literatura de Cordel*. Natal: Fundação José Augusto, 1977.

BUENO, Alexei. *A poesia popular*. In *Uma história da poesia brasileira*. Rio de Janeiro: G. Ermankoff Casa Editorial, 2007.

CASCUDO, Luís da Câmara. *Cinco livros do povo* (edição fac-similar). João Pessoa: Editora Universitária, 1979.

_____. *Vaqueiros e cantadores*. Belo Horizonte: Itatiaia; São Paulo: Editora da Universidade de São Paulo, 1984.

FERREIRA, Jerusa Pires. *Armadilhas da memória*: conto e poesia popular. Salvador, BA: Fundação Casa de Jorge Amado, 1991.

_____. *Cavalaria em Cordel*: o Passo das Águas Mortas. São Paulo: EDUSP, 2016.

CURRAN, Mark J. *Brazil's Folk-Popular Poetry* – A Literatura de Cordel. Victoria, Canadá: Trafford Publishing, 2010.

_____. *Cavalaria em cordel*: o passo das águas mortas. São Paulo: Hucitec, 2003.

118 Marco Haurélio

HAURÉLIO, Marco. *Antologia do cordel brasileiro*. São Paulo: Global, 2012.

_____. *Literatura de Cordel – do sertão à sala de aula*. São Paulo: Paulus, 2013.

LESSA, Orígenes, SILVA, Vera Lúcia Luna e. *O cordel e os desmantelos do mundo*. Rio de Janeiro: Fundação Casa de Rui Barbosa, 1983.

LIMA, Egídio Oliveira. *Folhetos de Cordel*. João Pessoa: Editora Universitária, 1978.

LIMA, Jackson da Silva. *O folclore em Sergipe: romanceiro*. Rio de Janeiro: Cátedra; Brasília: INL, 1977

LONDRES, Maria José F. *Cordel: do encantamento às histórias de luta*. São Paulo: Duas Cidades, 1983.

LOPES, José Ribamar (org.). *Literatura de Cordel; antologia*. Fortaleza: Banco do Nordeste do Brasil, 2004.

LUYTEN, Joseph Maria. *A Literatura de Cordel em São Paulo*: saudosismo e agressividade. São Paulo: Edições Loyola, 1981.

_____. *O que é literatura popular?* São Paulo: Brasiliense, 1983.

MATOS, Edilene (org.). *Minelvino Francisco Silva*. São Paulo: Hedra, 2000.

MAXADO, Franklin. *Cordel, xilogravura e ilustração*. Rio de Janeiro: Codecri, 1982.

_____. *O que é Literatura de Cordel?* Rio de Janeiro: Codecri, 1980.

MEYER, Marlise. *Autores de Cordel* (série *Literatura Comentada*). São Paulo: Abril Educação, 1980.

MOTA, Leonardo. *Violeiros do Norte*. Fortaleza: Imprensa Universitária do Ceará, 1962.

NASCIMENTO, Bráulio do. *O ciclo do boi na poesia popular*. In: *Literatura popular em verso*: estudos. Belo Horizonte: Itatiaia; São Paulo: EDUSP; Rio de Janeiro: Fundação Casa de Rui Barbosa, 1986.

PELOSO, Silvano. *O canto e a memória*: história e utopia no imaginário popular brasileiro. Trad.: Sonia Netto Salomão. São Paulo: Ática, 1996.

PICCHIO, Luciana Stegano (org.). *Letteratura popolare brasiliana e tradizione europea*. Roma: Bulzoni Editore, 1978.

PINHEIRO, Hélder, LÚCIO, Ana Cristina Marinho. *Cordel na sala de aula* (série *Leitura & Ensino*). São Paulo: Duas Cidades, 2001.

PEREGRINO, Umberto. *Literatura de Cordel em discussão*. Rio de Janeiro: Presença, 1984.

PROENÇA, Ivan Cavalcanti. *A ideologia do Cordel*. Rio de Janeiro: Imago, 1976.

PROENÇA, Manoel Cavalcante. *Literatura Popular em verso: antologia*. Belo Horizonte: Itatiaia; São Paulo: EDUSP, 1986.

QUINTELA, Vilma Mota. *Nota sobre um autor*: anotações para um esboço biográfico. Salvador: Inventário (UFBA), V. 2, 2003.

_____. *O cordel no jogo cruzado da Cultura* (Doutorado). Salvador: Universidade Federal da Bahia, Instituto de Letras, 2005.)

Breve História da Literatura de Cordel 119

SALLES, Vicente. *Repente e Cordel*: literatura popular em versos na Amazônia. Rio de Janeiro: FUNARTE, Instituto Nacional do Livro, 1985.

SANTOS, Idelette Muzart-Fonseca dos. *Memória das vozes*: Cantoria, Romanceiro e Cordel. Tradução de Márcia Pinheiro. Salvador: Secretaria de Cultura e Turismo; Fundação Cultural do Estado da Bahia, 2006.

SLATER, Candace. *A vida no barbante:* a Literatura de Cordel do Brasil. Trad.: Octávio Alves Filho. Rio de Janeiro: Civilização Brasileira, 1984.

SOUSA, Liêdo Maranhão de. *Classificação popular da Literatura de Cordel*. Petrópolis: Vozes, 1976.

SOUSA, Maurílio Antônio Dias de. *Estrella da Poesia:* impressões de uma trajetória (dissertação de mestrado). Salvador: Universidade Federal da Bahia, 2009.

TAVARES, Bráulio. *Contando histórias em versos*: poesia e romanceiro popular no Brasil. São Paulo: Ed. 34, 2005.

VIANA, Arievaldo (org.). *Acorda Cordel da sala de aula*. Fortaleza: Tupynanquim; Mossoró: Queima-Bucha, 2006.

_____. *Leandro Gomes de Barros, o mestre da Literatura de Cordel. Vida e obra*. Fortaleza: Edições Fundação Sintaf; Mossoró (RN): Queima-Bucha, 2014.

Sobre o autor

Marco Haurélio é poeta popular (cordelista) e pesquisador do nosso folclore. Natural de Riacho de Santana, sertão baiano, desde cedo conviveu com as manifestações da cultura espontânea: reisados, procissões, festas de padroeiros e queimas de Judas. Registrou a rica literatura oral de sua região, dedicando especial atenção aos contos populares. Desse trabalho nasceram os livros *Contos folclóricos brasileiros* (Paulus) e *Contos e fábulas do Brasil* (Nova Alexandria).

É autor de alguns êxitos do Cordel contemporâneo: *Os três conselhos sagrados, Presepadas de Chicó e astúcias de João Grilo, Belisfronte, o filho do pescador* (Luzeiro), *Galopando o cavalo Pensamento* e *As três folhas da serpente* (Tupynanquim). E também dos cordéis infantis *A história de amor de Pitá e Moroti* (Volta e Meia), *A lenda do Saci-Pererê em Cordel, Traquinagens de João Grilo* (Paulus). Coordena, pela editora Nova Alexandria, a coleção *Clássicos em Cordel*, para a qual adaptou *A megera domada*, de William Shakespeare, selecionado para o PNBE 2009, e *O conde de Monte Cristo*, de Alexandre Dumas. Parte de sua produção poética foi reunida na coletânea *Meus romances de Cordel* (Global Editora).

Blog: marcohaurelio.blogspot.com